RÉUSSIR SES RELATIONS PRESSE

100% PRATIQUE ENTREPRISE

Élodie Cally

Préface de

Stéphane Soumier

RÉUSSIR SES RELATIONS PRESSE

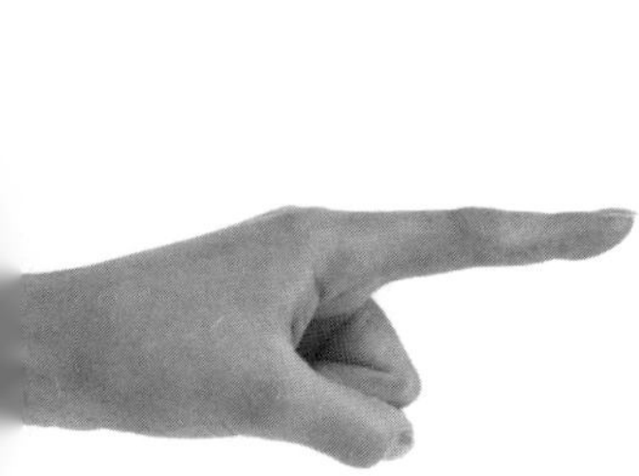

- √ Influence du Web 2.0
- √ Rédiger un communiqué de presse
- √ Contacter un journaliste
- √ Évaluer les retombées presse

DUNOD

« À mes amies, quatre femmes de talent : Gaëlle Andreis, Ségolène Chambrier, Carine Curtet et Sarah Fourage.

Je remercie toute l'équipe d'Actifin, Actence Communication, Jean-Yves Courtois, Stéphane Mainfray et l'ensemble des institutions et journalistes qui ont contribué à ce guide.

Enfin, un grand merci à Dominique Malécot des Echos, Olivier Provost de La Tribune et Stéphane Soumier de BFM Business pour leur soutien.»

Pour aller plus loin : www.reussirsesrelationspresse.com

ISBN 978-2-10-055524-6

Table des matières

Ce livre contient des compléments en ligne : une introduction et un chapitre – La *communication de crise*. Retrouvez-les sur le site Dunod.com grâce au moteur de recherche. Lancez une recherche par titre ou nom d'auteur, vous trouverez la fiche de l'ouvrage à partir de laquelle vous aurez accès aux compléments.

Mode d'emploi

2 Vendre… durablement !

Se poser les bonnes questions

La fonction commerciale est fondamentale pour l'entreprise et son efficacité déterminante dans le développement de l'entreprise. Quelle est son influence dans la construction d'une relation forte et durable ?

Pour remporter un marché important, la direction commerciale d'une grande entreprise élabore une proposition financière et technique correspondant exactement à ce qu'attend son client. Le prix notamment est extrêmement attractif (et absolument non conforme aux objectifs de marges de l'entreprise).

Cet exemple assez fréquent soulève un certain nombre de questions.

- Développer le chiffre d'affaires de l'entreprise et construire une relation de confiance ne sont-ils pas opposés ?
- Peut-on gagner « honnêtement » la confiance d'un prospect qui ne vous connaît pas ? Comment ?
- Développer le chiffre d'affaires et la rentabilité de son entreprise et construire une relation de confiance sont-ils conciliables ?
- Quelles sont les pratiques commerciales à privilégier ?
- Dans un contexte de crise, où l'objectif des clients est de faire des économies, comment les entreprises doivent-elles se comporter pour répondre à cette attente sans remettre en cause leur développement ?

Se poser les bonnes questions : quoi de mieux qu'une situation concrète pour bien débuter !

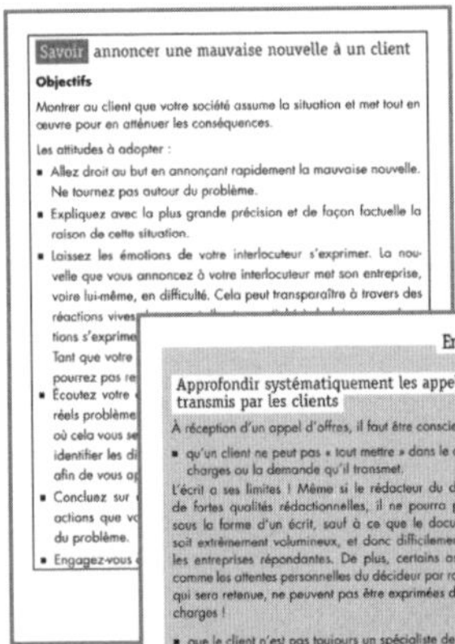

Savoir annoncer une mauvaise nouvelle à un client

Objectifs

Montrer au client que votre société assume la situation et met tout en œuvre pour en atténuer les conséquences.

Les attitudes à adopter :

- Allez droit au but en annonçant rapidement la mauvaise nouvelle. Ne tournez pas autour du problème.
- Expliquez avec la plus grande précision et de façon factuelle la raison de cette situation.
- Laissez les émotions de votre interlocuteur s'exprimer. La nouvelle que vous annoncez à votre interlocuteur met son entreprise, voire lui-même, en difficulté. Cela peut transparaître à travers des réactions vives…

Savoir : un encadré technique pour renforcer vos compétences.

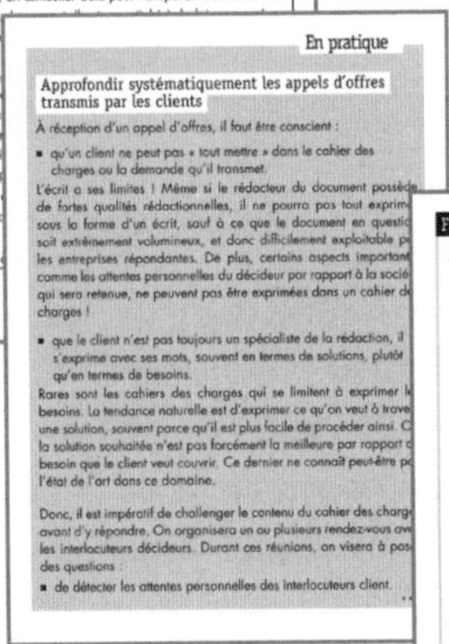

En pratique

Approfondir systématiquement les appels d'offres transmis par les clients

À réception d'un appel d'offres, il faut être conscient :

- qu'un client ne peut pas « tout mettre » dans le cahier des charges ou la demande qu'il transmet.

L'écrit a ses limites ! Même si le rédacteur du document possède de fortes qualités rédactionnelles, il ne pourra pas tout exprimer sous la forme d'un écrit, sauf à ce que le document en question soit extrêmement volumineux, et donc difficilement exploitable par les entreprises répondantes. De plus, certains aspects importants comme les attentes personnelles du décideur par rapport à la société qui sera retenue, ne peuvent pas être exprimées dans un cahier des charges !

- que le client n'est pas toujours un spécialiste de la rédaction, il s'exprime avec ses mots, souvent en termes de solutions, plutôt qu'en termes de besoins.

Rares sont les cahiers des charges qui se limitent à exprimer les besoins. La tendance naturelle est d'exprimer ce qu'on veut à travers une solution, souvent parce qu'il est plus facile de procéder ainsi. Or la solution souhaitée n'est pas forcément la meilleure par rapport au besoin que le client veut couvrir. Ce dernier ne connaît peut-être pas l'état de l'art dans ce domaine.

Donc, il est impératif de challenger le contenu du cahier des charges avant d'y répondre. On organisera un ou plusieurs rendez-vous avec les interlocuteurs décideurs. Durant ces réunions, on visera à poser des questions :

- de détecter les attentes personnelles des interlocuteurs client. …

En pratique : des sujets de terrain pour que vous soyez plus efficace.

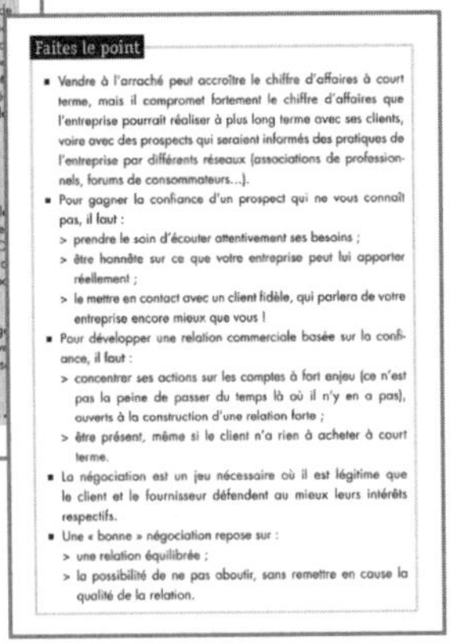

Faites le point

- Vendre à l'arraché peut accroître le chiffre d'affaires à court terme, mais il compromet fortement le chiffre d'affaires que l'entreprise pourrait réaliser à plus long terme avec ses clients, voire avec des prospects qui seraient informés des pratiques de l'entreprise par différents réseaux (associations de professionnels, forums de consommateurs…).
- Pour gagner la confiance d'un prospect qui ne vous connaît pas, il faut :
  > prendre le soin d'écouter attentivement ses besoins ;
  > être honnête sur ce que votre entreprise peut lui apporter réellement ;
  > le mettre en contact avec un client fidèle, qui parlera de votre entreprise encore mieux que vous !
- Pour développer une relation commerciale basée sur la confiance, il faut :
  > concentrer ses actions sur les comptes à fort enjeu (ce n'est pas la peine de passer du temps là où il n'y en a pas), ouverts à la construction d'une relation forte ;
  > être présent, même si le client n'a rien à acheter à court terme.
- La négociation est un jeu nécessaire où il est légitime que le client et le fournisseur défendent au mieux leurs intérêts respectifs.
- Une « bonne » négociation repose sur :
  > une relation équilibrée ;
  > la possibilité de ne pas aboutir, sans remettre en cause la qualité de la relation.

Faites le point : en un clin d'œil, la synthèse du chapitre.

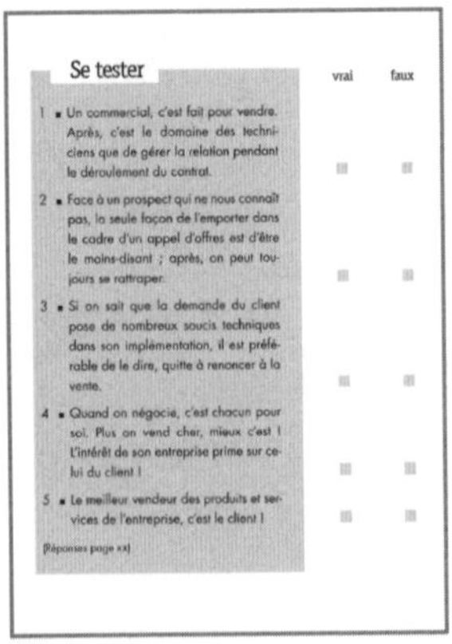

Se tester

	vrai	faux
1 ■ Un commercial, c'est fait pour vendre. Après, c'est le domaine des techniciens que de gérer la relation pendant le déroulement du contrat.	■	■
2 ■ Face à un prospect qui ne nous connaît pas, la seule façon de l'emporter dans le cadre d'un appel d'offres est d'être le moins-disant ; après, on peut toujours se rattraper.	■	■
3 ■ Si on sait que la demande du client pose de nombreux soucis techniques dans son implémentation, il est préférable de le dire, quitte à renoncer à la vente.	■	■
4 ■ Quand on négocie, c'est chacun pour soi. Plus on vend cher, mieux c'est ! L'intérêt de son entreprise prime sur celui du client !	■	■
5 ■ Le meilleur vendeur des produits et services de l'entreprise, c'est le client !	■	■

(Réponses page xx)

Se tester : avez-vous tout retenu ? Vérifiez que vos connaissances sont acquises.

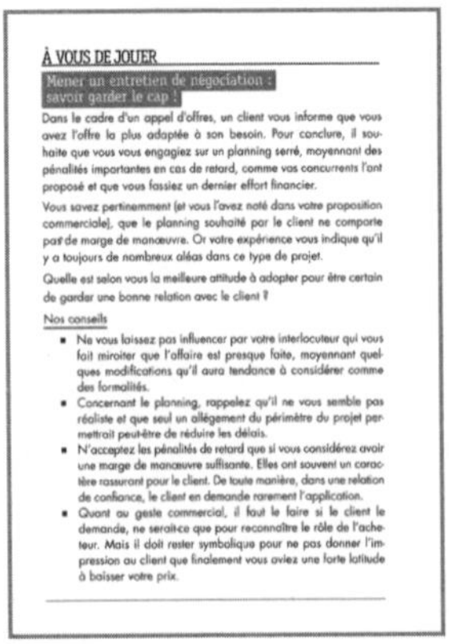

À VOUS DE JOUER

Mener un entretien de négociation : savoir garder le cap !

Dans le cadre d'un appel d'offres, un client vous informe que vous avez l'offre la plus adaptée à son besoin. Pour conclure, il souhaite que vous vous engagiez sur un planning serré, moyennant des pénalités importantes en cas de retard, comme vos concurrents l'ont proposé et que vous fassiez un dernier effort financier.

Vous savez pertinemment (et vous l'avez noté dans votre proposition commerciale), que le planning souhaité par le client ne comporte pas de marge de manœuvre. Or votre expérience vous indique qu'il y a toujours de nombreux aléas dans ce type de projet.

Quelle est selon vous la meilleure attitude à adopter pour être certain de garder une bonne relation avec le client ?

Nos conseils

- Ne vous laissez pas influencer par votre interlocuteur qui vous fait miroiter que l'affaire est presque faite, moyennant quelques modifications qu'il aura tendance à considérer comme des formalités.
- Concernant le planning, rappelez qu'il ne vous semble pas réaliste et que seul un allégement du périmètre du projet permettrait peut-être de réduire les délais.
- N'acceptez les pénalités de retard que si vous considérez avoir une marge de manœuvre suffisante. Elles ont souvent un caractère rassurant pour le client. De toute manière, dans une relation de confiance, le client en demande rarement l'application.
- Quant au geste commercial, il faut le faire si le client le demande, ne serait-ce que pour reconnaître le rôle de l'acheteur. Mais il doit rester symbolique pour ne pas donner l'impression au client que finalement vous aviez une forte latitude à baisser votre prix.

À vous de jouer : saurez-vous dénouer une situation réelle ? Les conseils de l'auteur vous y aideront.

Préface

Pas besoin d'aller regarder bien loin. Arrêtez-vous sur la dernière crise corporate : BP. Posez-vous la question de savoir pourquoi une compagnie centenaire à soudain perdu la moitié de sa valeur en moins d'une semaine. Ce n'est pas parce qu'une plate-forme de forage avait explosé dans le golfe du Mexique. Ce risque-là est admis. C'est une phrase, une seule, prononcée au micro d'une journaliste télé, par le patron de l'époque qui a tout déclenché : « je voudrais retrouver ma vie d'avant ». Cette phrase disait que Tony Hayward était désemparé. Que le patron d'une importante compagnie pétrolière avait perdu le contrôle. Et c'est bien ça qui est devenu inadmissible.

Jamais une telle phrase n'aurait dû être prononcée. Qu'il n'y ait pas eu, au cœur de BP, une structure de communication suffisamment forte pour préparer le patron à ne pas s'exprimer de la sorte, montre à quel point le livre d'Élodie Cally est indispensable, même aux entreprises les plus imposantes. Car c'est bien chaque chef d'entreprise, quelle que soit la taille de son établissement, qu'il faut « évangéliser ».

Mesdames, Messieurs, la communication corporate est aujourd'hui aussi indispensable que les ressources humaines ou la relation client, mieux : elle en fait partie ! Et je me demande même s'il faut continuer à donner une priorité éventuelle à la direction financière. Tenez, laissez-moi vous raconter un coup de fil, comme j'en reçois des dizaines chaque mois : « Pourriez-vous passer un message, ma boîte est parfaitement saine, mais j'ai quelques dizaines de milliers d'euros d'investissement à refinancer, et je n'y arrive pas. Tout va s'arrêter pour quelques semaines de trésorerie, et je ne trouve que des portes closes ». C'est qu'il n'a pas su les ouvrir au moment où tout allait bien.

Vous avez tous une histoire à raconter, histoire de croissance, histoire humaine, histoire d'innovation, histoire d'emploi. Ces histoires, à l'échelon local, national, international, deviendront une garantie plus solide encore qu'une ligne de crédit bancaire. « Une source de revenus et non un centre de coûts », écrit Élodie Cally, je vais aller plus loin : un socle de solidité. Ce que vous donne ce livre, c'est la carte d'une jungle étrange. Mais à la sortie vous trouverez l'Eldorado. Les journalistes sont ainsi faits : ils chassent en meute. C'est en meute qu'ils assassinent, c'est en meute qu'ils idolâtrent. En séduire un, c'est souvent la garantie de les séduire tous.

Stéphane Soumier,
Rédacteur en chef de BFM Business

1 Les relations presse : panorama du concept et du métier

Se poser les bonnes questions

En janvier 2009, une start-up lance un nouveau concept encore inexistant en France : le déménagement sans carton, sans scotch et sans papier bulle. La société, BAC ECO Services, première entreprise spécialisée dans le déménagement écologique, permet de générer le moins de déchets possible. Le principe est simple : remplacer l'achat de cartons par la location de bacs 100 % recyclés prêts à l'emploi et réutilisables. En termes de communication, sa première démarche est de réaliser un site Web qui, au-delà de présenter les gammes de services, offre la possibilité de simuler une commande en ligne : la priorité étant très clairement axée sur la relation client. Toutefois, soucieuse de bâtir sa notoriété, l'entreprise va s'appuyer sur les médias. Cette situation nous amène à se poser un certain nombre de questions :

- Que sont les relations presse ?
- Pourquoi BAC ECO Services a fait le choix des RP ?
- Quels sont les écueils à éviter ?
- Quand et comment faire des RP ?
- Quel est le métier d'attaché de presse ?

Que sont les relations presse ?

Apparue vers le milieu des années 1960 en France, sous l'impulsion de Matra, la communication avec les médias, plus couramment appelée « les relations presse », est une branche de l'activité des relations publiques.

Quel est leur objectif ?

Les relations presse visent à développer la relation d'estime et d'adhésion entre une entreprise, une marque et ses parties prenantes[1] par l'intermédiaire de la presse. Plus précisément, l'objectif des RP est de développer des relations de confiance avec les journalistes et de susciter des rédactionnels ou des interviews.

Pourquoi sont-elles efficaces ?

Particulièrement efficaces pour le lancement d'un nouveau produit ou d'une annonce corporate, les relations presse sont un atout indispensable pour accroître sa notoriété. Les médias jouent tout autant leur rôle de relais d'information que de prescripteur. En ce sens, les relations presse ont pour vocation de conférer à l'entreprise davantage de légitimité par une parole extérieure indépendante.

Qui peut en faire ?

Ce qui retient l'attention dans la pratique des relations presse c'est son rapport qualité prix. Les relations presse sont un outil à la portée

1. Une partie prenante (*stakeholder* en anglais) est l'ensemble des acteurs internes ou externes à une entreprise : consommateurs, distributeurs, pouvoirs publics, salariés, fournisseurs, autorités politiques, associations (ONG), concurrents, communauté financière…

d'une PME, d'une association, d'une start-up ou d'une entreprise cotée au CAC 40.

À quelles conditions ?

Il n'est pas nécessaire de disposer de gros budgets mais il est indispensable de capter intelligemment l'intérêt des journalistes en leur offrant une information de qualité dans le cadre d'une réelle stratégie de communication. Elles doivent leur délivrer des connaissances dans un domaine donné, et enrichir leur savoir sans influencer leur jugement.

Faire le choix des relations presse

Vous pensez opter pour la pratique des relations presse mais vous hésitez encore. Notez que cette discipline présente de nombreux atouts et qu'en plus de permettre de se faire connaître, les relations presse ont un « coefficient multiplicateur » élevé en matière de notoriété, réputation, cohésion, fidélisation, attractivité, ambiance de travail.

Voici le panorama des neuf raisons pour lesquelles la société BAC ECO a fait le choix des relations presse.

Les journalistes : un puissant catalyseur pour la communication de l'entreprise

Le pouvoir des médias est fort dans notre société. L'influence des journalistes reste plus que jamais d'actualité. Pour Dominique Wolton, les journalistes sont les grands vainqueurs de ce demi-siècle. L'une des raisons est que les journalistes des grands médias sont un peu les héros des temps modernes. En tout cas ils sont fortement identifiés et valorisés par rapport aux hommes politiques, entrepreneurs, enseignants... Ils sont omniprésents dans la vie publique, culturelle et politique. Tout accès à la communication passe par eux, ce qui leur confère un pouvoir réel[1]. Les journalistes constituent, dès lors, un puissant catalyseur pour la communication de l'entreprise.

Une étude menée pour l'Argus de la presse[2] montre l'influence de la presse écrite sur les comportements d'achat. Cette étude réalisée fin 2008 par Opinion Way avec un panel des lecteurs de *20 Minutes*, montre à quel point l'avis du journaliste prime :

- 70 % des lecteurs donnent crédit au discours du journaliste ;
- 76 % déclarent avoir acheté un produit ou un service après en avoir entendu parler ;
- 69 % des Français pensent que les articles de presse permettent de mieux choisir (test conso, avis...) ;
- 81 % découvrent de nouveaux produits grâce aux articles de presse.

En somme, la majorité des Français donne beaucoup de crédit à l'information qu'elle peut trouver dans la presse ; d'où l'intérêt d'utiliser la voix du journaliste pour promouvoir un produit ou service.

Un budget modéré et un investissement rentable

À l'heure où la publicité n'a plus le vent en poupe, les relations presse jouent la carte de la séduction. Depuis 2008, on constate une érosion des budgets alloués à la publicité au profit des relations presse : le

1. Dominique Wolton, *Les journalistes ont-ils encore du pouvoir ?*, Hermès, 2003, p. 10.
2. http://www.argus-presse.fr/culture-rp/etudes-rp.

marché publicitaire français aura perdu plus de 450 millions d'euros en 2008, en raison d'une forte baisse des investissements en communication des annonceurs[1]. Ce phénomène, bien que plus récent, à tendance à s'amplifier sous l'effet conjugué d'une crise économique mondiale et de consommateurs de moins en moins réceptifs aux slogans publicitaires. Dans ce contexte, il est vrai que les relations presse sont un atout formidable pour se faire connaître à moindre frais. Un article dans la presse ou un reportage télévisuel permet de toucher des milliers de clients potentiels pour un investissement financier largement inférieur à l'achat d'espace publicitaire.

Une meilleure visibilité

Un seul communiqué de presse peut aboutir à la parution de plusieurs articles de presse écrite, d'interviews radios ou TV. Mais parfois un article peut également susciter de nouveaux sujets dans de nouveaux médias.

EXEMPLE

Un article du *San Diego Tribune* qui présentait Fary Moini, membre du Rotary club de La Jolla Golden Triangle (États-Unis), comme une héroïne locale a attiré l'attention d'un producteur de NBC Nightly News qui l'a contactée pour réaliser un reportage sur son action extraordinaire en faveur réfugiés afghans au Pakistan et en Afghanistan. Le reportage de 2 minutes et 40 secondes a été diffusé dans l'émission *Making a Difference* regardée ce jour-là par environ un million de téléspectateurs. Et c'est par un article dans un journal local que tout a commencé.

1. Source : IREP-France Pub 2008,Communiqué de presse du 11 mars 2009 http ://www.irep.asso.fr/_files/marche_publicitaire/IREP_MPF_2008.pdf.

Une crédibilité renforcée

La griffe du journaliste confère à l'information véhiculée une authenticité et une neutralité que la publicité n'a pas. Dans un cas, l'information est donnée par un intermédiaire officiel et crédible qu'est le journaliste, et dans l'autre cas, c'est l'annonceur lui-même qui en est l'émetteur. Une information *versus* une communication.

Un outil flexible pour communiquer en dehors de nos frontières

Les relations presse proposent une couverture adaptable à souhait : locale, nationale, voire internationale, auprès de publics que l'on peut cibler avec la même flexibilité.

Une image maîtrisée et valorisée

Les journalistes mettent votre information en perspective et apportent leur regard critique à votre entreprise. Avec les relations presse, vous construisez l'image voulue et communiquez les messages adéquats. Elles sont un véritable levier pour développer et entretenir avec vos publics une image valorisante de votre marque et accroître votre notoriété.

Une relation de confiance avec vos parties prenantes

Vous avez une histoire à raconter ? Les RP vous permettent de faire connaître les chapitres de cette histoire. En plus d'informer, un article de presse permet de créer une relation avec le lecteur et d'instaurer un climat de confiance avec la marque. Comme le souligne Nicole d'Almeida dans son ouvrage *Les promesses de la communication*, en complément des promesses de l'objet et de la marque, la communication institutionnelle ajoute la promesse de l'institution, promesse contenue dans ce que l'on appelle son image. La communication institutionnelle amplifie la communication de marque en ancrant la promesse des objets sur la promesse de l'institution[1].

De plus, au-delà d'instaurer une relation de confiance, chaque retombée presse pourra être d'autant plus percutante qu'elle trouvera résonance dans d'autres vecteurs de communication de votre entreprise :

- brochure ;
- rapport ;
- site Internet ;
- newsletter...

La tâche de votre équipe commerciale sera facilitée si les prospects ont déjà entendu parler de vous dans les médias. Occuper un large terrain médiatique permet de conforter les clients dans l'acte d'achat.

EXEMPLE

> La société BAC ECO Services, société de déménagement au concept novateur, a immédiatement repris l'ensemble des articles parus sur son site Internet afin que l'internaute lambda qui n'avait pas entendu parler de cette société puisse être « rassuré ».

1. Nicole D'Almeida, *Les promesses de la communication*, Puf, 2001, p.254.

Une source de revenus et non un centre de coûts : le goodwill[1]

L'attaché de presse ou votre agence vous coûte de l'argent ? Comment pensez-vous que vos clients vont vous connaître, vous aimer et vous faire confiance ? En communiquant ! L'attaché de presse ou le responsable communication est une source de revenus et non un centre de coût. Certes, il ne vend pas un produit ou un service mais il vend une image. D'ailleurs, il ne vend pas qu'un seul produit comme un commercial, mais tous les produits et services de l'entreprise. Il doit vendre au journaliste des sujets aussi divers que le lancement d'un événement, l'inauguration d'une nouvelle usine ou encore la mise en place d'une charte de développement durable et la politique environnementale. Certes, il ne génère pas du cash-flow – palpable et mesurable – mais en crée indirectement. La seule différence est que le montant des gains, purement numéraire pour le commercial, est moins facilement mesurable pour l'attaché de presse. Et ce, même si ses résultats sont visibles et quantifiables : articles, interviews radios, reportages... et font parfois la fierté de toute une entreprise.

Une marque de reconnaissance en interne

Les relations presse jouent également de rôle d'implication et de mobilisation. Il n'est pas rare de voir des collaborateurs éprouver une certaine « fierté » à travailler pour leur entreprise qui vient d'avoir un reportage ou un article. Par ailleurs, la revue de presse est souvent une rubrique présente dans les journaux internes. Elle permet de créer une mobilisation des salariés autour d'un projet ou

1. Le *goodwill* (appelé aussi survaleur ou écart d'acquisition) est la différence entre l'actif du bilan d'une entreprise et la somme de son capital immatériel et matériel valorisée à la valeur de marché. Lors d'une cession d'une entreprise, le vendeur pourra « valoriser » une forte notoriété et image de marque qui ne peuvent être inscrites comptablement.

d'un champ d'actions et renforce la prise de conscience de l'impact du travail de tous sur l'extérieur. En ce sens, les relations presse constituent également un outil de management.

Quelques conseils avant de faire des relations presse

Comme pour n'importe quelle action en communication, une stratégie en relations presse ne peut être définie qu'à partir d'un diagnostic. Il est donc indispensable de commencer tout travail par l'analyse des relations qui préexistent avec vos parties prenantes afin de déterminer la manière de les faire évoluer positivement. En partant de la problématique soulevée, on peut alors décider de quoi on souhaite parler, à qui, pour atteindre quel objectif... pour ensuite le faire savoir.

Il importe donc avant tout de répondre à quelques questions :

- Pourquoi souhaitez-vous communiquer *via* la presse : est-ce pour générer des ventes supplémentaires, séduire des investisseurs, recruter de nouveaux talents, développer votre notoriété ?
- Que faut-il dire et ne pas dire ? Produire un travail d'analyse et d'écriture de vos messages vous aidera à déterminer vos facteurs différenciants, votre valeur ajoutée par rapport au marché, votre expertise dans un domaine ou secteur d'activité porteurs...
- Et à qui faut-il le dire : quel journaliste, quel type de média pour quel type de lectorat ?

Les relations presse, une brique de votre stratégie de communication

Une fois votre stratégie définie, il vous incombe d'intégrer vos actions en relations presse dans votre stratégie de communication globale. Cette dernière tente de donner une personnalité facilement identifiable par tous ses publics, tant à l'interne qu'à l'externe. Intégrer les relations presse dans votre plan de communication vous permettra d'assurer la cohérence des messages et une bonne synchronisation des actions.

EXEMPLE

> Les grandes sociétés ont bien intégré la complémentarité de ces différentes techniques et savent créer des synergies. À l'image de McDonald's qui, en plus de faire des campagnes de publicité à la télé, dans la presse écrite ou sur des 4x3, pratique également les relations presse. Le McDonald's de Cagnes sur Mer, l'un des touts premiers a s'être équipé d'un système de commande sur une borne automatique, a organisé une campagne de relation média avec la PQR[1] pour obtenir des articles.

Il est donc important :

- **D'être cohérent en externe, quel que soit le vecteur de communication utilisé**. Au même titre qu'une publicité, une stratégie de communication 2.0 ou un colloque en interne, les relations presse doivent être insérées dans votre plan de communication. Vos relations presse seront déclinées en suivant le fil conducteur choisi (l'axe), en diffusant le message commun de fond, tout en déclinant selon les divers publics visés (en fonction des catégories de presse.)

1. Presse quotidienne régionale (voir chapitre 3).

EXEMPLE

> À l'occasion du lancement d'une nouvelle crème solaire bio, la société Sun Protection fait appel à vos services pour réaliser sa campagne de relations presse. Sur le plan de communication que vous avez réussi à obtenir, vous vous apercevez qu'une campagne de publicité diffusée sur Internet et des panneaux 4x3 est prévue en février, soit quelques semaines avant l'envoi du dossier de presse aux journalistes. Première erreur : les journalistes doivent recevoir l'information avant. De plus, l'accent est mis sur une crème dédiée aux sportifs, alors que lors du brief on vous avait demandé de mettre l'accent sur une crème bio pour toute la famille. Deuxième erreur : la cohérence des messages n'est pas respectée.

- **D'être cohérent en interne et en externe**. Le salarié d'une entreprise ou d'une institution est le premier vecteur d'image vers l'extérieur. L'image que donne l'entreprise doit être conforme à la réalité et doit être reconnue par le personnel avant d'être véhiculée à l'extérieur. Les messages développés auprès des différents publics, qu'ils soient internes ou externes, doivent donc être cohérents pour assurer leur crédibilité. À ce titre, il est important que la communication interne soit intégrée dans la stratégie de communication de l'entreprise. De plus, intégrer votre démarche de relations presse conjointement avec la communication interne pourrait vous éviter bien des aléas.

EXEMPLE

> Une banque qui lance un nouveau service en ligne disponible 24h/24 pourrait difficilement promouvoir cette image de proximité avec ses clients, si les salariés eux-mêmes n'avaient pas l'information. En effet, l'entreprise ne saurait défendre une certaine image auprès de ses salariés et communiquer sur une autre image auprès du public.

En pratique, vous n'êtes pas tenu d'envoyer les informations en interne chaque fois que vous communiquez une nouvelle à la presse. Votre jugement vous guidera pour évaluer à quels moments il est préférable d'annoncer vous-même certaines nouvelles avant que les collaborateurs de votre organisation ne le lisent dans les journaux ! **La qualité d'une communication repose autant sur les techniques utilisées que sur la manière de s'en servir et le choix des moyens les mieux adaptés pour atteindre les objectifs fixés.**

Quand et comment avoir recours aux relations presse ?

Quand ?

La pratique des relations presse peut se faire à n'importe quel moment de l'existence d'une entreprise pour annoncer : un partenariat, un contrat, une acquisition, l'inauguration d'un nouveau site, le lancement d'un nouveau produit... Que vous soyez une PME, une association, une institution privée ou publique ou encore une société du CAC 40, faire des relations presse est avant tout une affaire de conviction et de stratégie en communication.

Comment ?

Pratiquer des relations presse implique une bonne connaissance des médias et du travail des journalistes (voir chapitre 3), et demande également de respecter quelques règles.

Avoir quelque chose à dire sur un ton informatif

Il ne s'agit pas de faire de la publicité, mais de la communication vraie, c'est-à-dire d'écoute, d'échange et de compréhension mutuelle. L'objectif étant de s'inscrire dans l'espace public pour « rassurer » et créer de la valeur.

De manière professionnelle

Les relations presse doivent :

- être réalistes et convaincantes. Ne cherchez surtout pas à jeter la poudre aux yeux du journaliste qui est pressé et a peu de temps à y accorder ;
- apporter une valeur ajoutée aux journalistes.

En utilisant les bons outils

De nombreux outils sont à votre disposition pour porter votre information à la connaissance du journaliste. Le plus rapide et usuel est le communiqué de presse. Lorsque l'actualité s'y prête, vous pouvez également avoir recours :

- au dossier de presse ;
- au voyage de presse ;
- à la conférence de presse ;
- au déjeuner...

Savoir choisir une agence et établir les règles de fonctionnement

S'appuyer sur une agence en relations presse, c'est avant tout choisir un partenaire capable de fournir une réflexion stratégique et un plan d'actions précis.

Identifier vos besoins

- Rédiger un brief détaillé comportant des informations précises sur la prestation souhaitée : le type d'annonces (corporate, produits...), la fréquence, l'organisation d'événements : conférences de presse, déjeuner presse...
- Vérifier la bonne compréhension de vos problématiques RP et de votre stratégie de communication.

Vérifier que l'agence possède une bonne compréhension de vos métiers et de vos marchés

- Regarder les agences qui travaillent avec des sociétés de votre secteur.
- Demander à l'agence qu'elle vous présente des cas concrets d'opérations réalisées ainsi que ses références clients.
- S'assurer de la disponibilité des équipes et l'expérience de votre futur attaché de presse.

Travailler au quotidien avec une agence RP

- Être force de propositions : même si une agence de presse peut vous aider à réfléchir à vos relations presse, il vous incombe de leur donner de la matière.
- Mettre au point des règles de fonctionnement dès le début : fréquence des contacts, répartition des rôles, planning, raison pour lesquelles un communiqué n'a pas été repris par tel ou tel journaliste, (reporting).
- Ne pas s'attendre à obtenir des articles dès le mois suivant : le journaliste est libre de reprendre ou non l'information.

Être un bon attaché de presse

Pour faire des relations presse, vous pouvez faire appel à une agence en communication, un free-lance ou à des compétences en interne. L'attaché de presse, désormais appelé plus volontiers conseiller ou chargé en relations presse, peut donc exercer son métier au sein, d'une entreprise privée ou publique ou d'une agence-conseil en communication. Dans l'entreprise, plus particulièrement dans les PME, un responsable du service communication peut englober cette fonction de chargé en relations presse.

Concilier deux mondes

L'attaché de presse est un intermédiaire entre l'entreprise ou une institution et les médias. Il conçoit et propose des moyens d'établir et de maintenir des relations de confiance avec la presse. Son rôle est donc de faire le lien entre deux mondes qui tous deux ont deux objectifs bien distincts :

- celui de l'entreprise ou de l'institution qui souhaite faire passer sa communication ;
- et celui du journaliste qui souhaite délivrer une information intéressante pour ses lecteurs.

L'attaché de presse doit donc parfaitement connaître l'entreprise et son environnement médiatique pour rester en relation constante avec ses principaux acteurs.

Être sur le « terrain » et assurer un travail minutieux au quotidien

Ce métier s'articule autour de trois grands axes : la recherche de l'information, le traitement et la diffusion. Ces tâches qui, de prime abord, peuvent paraître simplistes s'avèrent plus stratégiques et exigeantes. Son métier ne se résume pas à l'écriture de communiqué de presse et leur expédition. Au quotidien, le travail de l'attaché de presse s'articule autour d'un travail minutieux qui consiste à :

- organiser la veille de l'actualité (revues de presse quotidiennes et thématiques) ;
- lire attentivement la presse et rechercher des sujets tendances pour pouvoir rebondir sur l'actualité ;
- assurer la veille sur des plannings rédactionnels ;
- assurer des relations suivies avec les journalistes ;
- tenir à jour des fichiers de journalistes, nationaux et internationaux (base presse) ;
- élaborer une revue de presse quotidienne ou hebdomadaire destinée à sa hiérarchie.

En pratique

Les qualités d'un attaché de presse

Comme l'indique son nom, le métier des relations presse, est avant tout un métier de relations. En permanence en contact avec les journalistes, l'attaché de presse doit faire preuve :

- D'une grande curiosité que ce soit en interne ou en externe : glaner les informations, dénicher un nouveau sujet, les rédiger puis les « vendre » aux journalistes.
- De grandes qualités relationnelles et rédactionnelles : capacité à argumenter, synthétiser et vulgariser l'information pour la rendre accessible au grand public.

...

En pratique

...

- De rigueur et de patience ainsi qu'un sens de la diplomatie aiguë.
- D'humilité et de franchise : pas d'information prématurée ou fausse et pas de promesses impossibles à tenir. S'attacher aux seules informations exploitables.

Un bon attaché de presse se reconnaît également dans sa capacité à créer une relation avec un journaliste et à comprendre les raisons pour lesquelles une rédaction ne s'intéresse pas à tel ou tel type de communiqués.

Apporter la bonne information au bon moment au bon journaliste

Imaginez que vous êtes commercial pour une société spécialisée dans la vente de piscine. Iriez-vous démarcher des clients qui habitent en appartement en plein hiver ? Non, faire des relations presse c'est pareil. C'est un métier de terrain qui suppose d'envoyer la bonne information au bon moment au bon journaliste. Au quotidien, cela demande d'être en contact régulièrement avec lui et d'avoir un fichier presse le plus précis possible et toujours actualisé. Ensuite, en fonction de la cible à atteindre, il convient de choisir les médias publics pour diffuser l'information. Tel un commercial qui vend des services à ses clients, l'attaché de presse doit connaître son client – le journaliste – pour connaître ses sujets de prédilections, ses préférences et *in fine* lui proposer l'information qui saura retenir son attention.

En pratique

Le journaliste est libre de reprendre ou non votre information

L'une des conditions obligatoires pour obtenir un article ou une interview est d'avoir quelque chose à dire susceptible d'intéresser un public. Plus le service sera original, la technologie innovante,

...

...
l'implantation sur un nouveau marché différente, plus les retombées pourront être importantes.

Une bonne approche pour savoir si l'on va intéresser un journaliste est de se mettre à sa place en se posant la question : « Aurais-je envie de lire, de regarder ou d'entendre l'histoire que je vais raconter ? » Si votre réponse est non, alors demandez-vous : « Comment pourrais-je la raconter différemment pour qu'elle devienne intéressante ? »

Malgré toutes ses précautions prises, vous ne pouvez avoir aucune assurance de résultats. Les rédactions sont libres de publier les sujets qui les intéressent. Les attachés de presse ne sont soumis à aucune exigence en termes de retombées sur lesquelles elles n'ont aucun pouvoir direct.

Bâtir une relation dans le temps

Une stratégie de durée est un gage de qualité. Il est donc important de bâtir une politique de long terme et de capitaliser la relation avec les journalistes en établissant des relations privilégiées. Cette relation de confiance s'établit dans le temps comme le souligne Stéphane Soumier, journaliste à BFM radio : « J'accorde plus particulièrement d'intérêt à certaines agences avec qui je travaille depuis longtemps, car si l'attaché de presse m'appelle, je sais qu'il a de la « matière » et un sujet à me proposer. Il connaît mon style et mes angles rédactionnels. C'est une relation gagnant-gagnant. »

Car contrairement aux idées reçues, les relations presse prennent du temps.

Faites le point

- Les relations avec la presse, une branche de l'activité des relations publiques, visent à obtenir des rédactionnels ou des interviews.
- Une campagne de relations presse peut se faire à n'importe quel moment de l'existence d'une institution mais son succès repose sur la valeur ajoutée qu'apporte l'information au journaliste, qui reste libre de reprendre ou non votre information.
- En plus d'assurer une visibilité dans l'espace médiatique, les relations presse présentent de nombreux atouts :
  - > se faire connaître et rassurer ses clients ;
  - > accroître sa notoriété et visibilité ;
  - > un investissement rentable à moindre frais et une source de création de valeur ;
  - > elles sont un outil flexible pour communiquer en dehors de nos frontières ;
  - > une marque de reconnaissance pour les collaborateurs.
- Faire des relations presse ne s'improvise pas et demande de :
  - > concilier deux mondes ;
  - > être sur le « terrain » et assurer un travail minutieux au quotidien ;
  - > apporter la bonne information au bon moment au bon journaliste ;
  - > bâtir une relation dans le temps.
- Les relations presse s'inscrivent dans votre stratégie de communication globale et doivent donc être intégrées dans votre plan de communication. La communication interne et externe sont liées et doivent être traitées conjointement.

Se tester

	vrai	faux
1 ▪ Les relations publiques se résument-elles aux relations presse ?	☐	☐
2 ▪ Les relations presse sont-elles, avec Internet, l'un des outils les moins coûteux en communication ?	☐	☐
3 ▪ Lors du lancement d'un nouveau produit, il est vivement conseillé de ne faire que des relations presse et de ne pas utiliser d'autres outils en communication qui pourraient venir s'interférer ?	☐	☐
4 ▪ Choisir une agence en relation presse nécessite peu de travail de la part de l'annonceur ?	☐	☐
5 ▪ Les relations presse peuvent-elles occuper une place importante dans un plan de communication ?	☐	☐
6 ▪ Les relations presse peuvent-elles mobiliser les collaborateurs en interne ?	☐	☐
7 ▪ Faire des relations presse ne nécessite pas forcément une information qualité. Le journaliste pourra écrire avec le contenu envoyé. N'est-ce pas de son ressort d'attirer son lecteur ?	☐	☐
8 ▪ Les relations presse ont-elles pour principal objectif de susciter des rédactionnels ou des interviews, et pour simplifier, d'obtenir une couverture médiatique ?	☐	☐
9 ▪ Du moment que j'envoie une information un peu originale au journaliste, n'est-il pas censé la traiter et écrire un papier sur le sujet ?	☐	☐

(Réponses page 24)

À VOUS DE JOUER

Annoncer une acquisition

Élargissez la cible à l'ensemble des parties prenantes

Un groupe français doit annoncer l'acquisition de son principal concurrent, le projetant ainsi directement n° 3 mondial de son secteur. Le groupe, qui évolue sur un secteur concurrentiel, justifie sa stratégie de croissance externe par des conditions de marché intéressantes et une volonté de pénétrer de nouvelles zones géographiques.

Le groupe fait appel à vos services pour annoncer cette information à la presse. Dans le même temps, la direction vous informe que certaines rumeurs d'OPA circulent au sein du groupe.

Quelles sont vos recommandations ?

Nos conseils :

- En priorité, définissez les messages clés pour l'ensemble des publics : collaborateurs, clients, fournisseurs, journalistes...
- Les valeurs communes définies, il convient de décliner le discours en fonction de vos publics cibles. Les analystes financiers ou les médias n'auront pas les mêmes attentes que les collaborateurs en interne.
- Vos messages élaborés, choisissez ensuite les meilleurs canaux. En interne, réunions d'information ou newsletter, et en externe réalisation d'un mailing pour vos clients et fournisseurs, et la rédaction d'un ou plusieurs communiqués de presse pour les médias...
- Synchronisez vos annonces ! Informer l'ensemble de vos publics en même temps. Quelles seraient les réactions de vos clients ou de vos salariés s'ils apprenaient la nouvelle par la presse ? Selon le contexte, prévoyez une communication en interne quelques heures avant l'annonce officielle.

réponses

1 ▪ Faux

Les relations publiques ne peuvent ni ne doivent se résumer aux relations presse.

2 ▪ Vrai

Les relations presse ont un coût peu élevé comparé à une campagne de publicité par exemple.

3 ▪ Faux

Les relations presse ne sont qu'un outil de la chaîne de la communication. Elles viennent en appui d'une politique de communication plus globale.

4 ▪ Faux

Choisir une agence en relation presse nécessite un travail en amont de la part du client. Il est important de fixer clairement ses attentes.

5 ▪ Vrai

Les relations presse peuvent, par exemple, représenter 80 % des actions de communication d'une entreprise. Tout dépend de son activité, de sa taille, son organisation et de son actualité.

6 ▪ Vrai

Les relations presse jouent un rôle d'implication et de mobilisation en interne, et en ce sens, constituent un outil de management.

7 ▪ Faux

Pour attirer l'œil du journaliste, il vous incombe de produire une information de qualité tant sur le fond que sur la forme.

8 ▪ Vrai

L'objectif des relations presse est l'optimisation des échanges avec les journalistes afin de susciter des rédactionnels ou des interviews en vue d'obtenir une couverture médiatique.

9 ▪ Faux

Si votre information vous semble originale, ce n'est peut-être pas l'avis du journaliste qui reste libre de la reprendre ou non.

2

L'influence du Web 2.0 sur votre stratégie de relations presse

Se poser les bonnes questions

Très attendu dans la région d'Angers, un nouveau supermarché va ouvrir ses portes dans quelques jours. Cette nouvelle enseigne qui s'étend sur 18 000 m^2 propose une galerie commerciale de 90 boutiques, un espace de 2 500 m^2 consacré à la hifi-vidéo et l'électroménager. La direction de la communication, qui dispose d'un budget de 400 000 €, prévoit trois actions majeures pour annoncer l'ouverture du magasin : une campagne de publicité sur des panneaux 4 x 3, l'envoi d'un communiqué de presse et la diffusion d'une newsletter interne dédiée aux collaborateurs. La responsable de la communication n'a pas envisagé d'actions sur Internet (blogs, e-pub...). Aussi, cette nouvelle implantation pour laquelle le groupe de distribution a investi plus d'un million d'euros, pourrait passer quasi inaperçue sur la toile... La vieille de l'ouverture, un blog relève qu'un mouvement de grève, à l'initiative des syndicats, pourrait démarrer le jour de l'ouverture pour dénoncer des conditions de travail jugées inacceptables. L'information est immédiatement reprise par un quotidien.

Cet exemple amène à se poser un certain nombre de questions :

- Qu'est-ce que le Web 2.0 ?
- Quels sont les nouveaux les acteurs du Web 2.0 ?
- Comment décupler l'efficacité de ses relations presse *via* le Web 2.0 ?
- Comment instaurer un dispositif de veille ?

Qu'est-ce que le Web 2.0 ?

Difficile de ne pas aborder le sujet du Web 2.0 dont tout le monde parle, même dans un ouvrage dédié aux relations presse. Pourquoi ? car le Web 2.0, l'Internet plus interactif et participatif qui met l'individu au cœur du système, a littéralement modifié les usages et les comportements des internautes. Cette évolution de l'Internet a donné naissance à de nouveaux acteurs et de nouveaux usages avec les blogs, les réseaux sociaux, les wikis… impactant directement les entreprises dans leur manière de communiquer et leur capacité à maîtriser l'information les concernant.

En fait, il n'existe pas réellement de définition du Web 2.0. « Contrairement à des termes comme html 4.01, désignant une technologie précise, ou Internet 2 (avec lequel il ne doit pas être confondu et désignant un consortium), le Web 2.0 n'a pas de définition précise faisant consensus Les évolutions qu'il désigne ne résultent pas d'une concertation du World Wide Web Consortium. En conséquence, l'interactivité s'est faite en superposant de nombreuses couches, alors qu'ont été délaissés des langages évolués qui auraient permis un Web plus riche. Certains informaticiens regrettent cette anarchie qui aboutit à de mauvaises performances »[1].

1. http://fr.wikipedia.org/wiki/Web_2.0

En fait, l'aspect principal du Web 2.0 est de permettre à n'importe quel internaute d'être, non plus un simple navigateur ou lecteur, mais un générateur de contenu et d'information *via* un blog, une vidéo postée sur youtube, un post dans une remarque client...

En pratique

Pour réussir sa campagne Web 2.0

Réseaux sociaux = relations

Une stratégie de communication digitale, tout comme n'importe quelle action en communication, doit s'inscrire dans la stratégie de l'entreprise et le plan de communication globale. Elle est ensuite déclinée selon les différents canaux : une stratégie de présence dans les médias sociaux, la pub, le Web collaboratif, l'animation de blogs... Mais le Web 2.0 est avant tout une question de relation et de mise en relation. Pour réussir son intégration dans les réseaux sociaux, la marque doit établir une relation de confiance avec ses parties prenantes. Le succès repose donc sur la capacité de l'entreprise à établir un dialogue avec les internautes en étant :

- **Actif** : si vous créez une page Facebook, par exemple, évitez qu'elle reste lettre morte. Même conseil pour un compte Twitter. Pensez interaction et communication.
- **Équitable** : traitez de manière égale n'importe quel internaute. Il faut toujours répondre aux sollicitations.
- **Vrai** : en tant que marque, il ne faut pas venir avec son discours pré-formater. Vous pouvez le préparer mais en aucun cas trop le « marketer ».

N'oubliez que le Web 2.0 est un lieu où l'échange et l'écoute sont aussi importants que la prise de parole. « Le Web a ses codes et ses influenceurs, à charge des entreprises de les intégrer dans les directions de la communication et de mettre en place une organisation cohérente » explique Fabrice Tabar, expert digital.

Quels sont les nouveaux acteurs du Web 2.0 ?

Avec l'arrivée du Web 2.0, de nouveaux acteurs ont fait l'apparition avec son lot de nouveaux usages. Pour faire le lien avec notre sujet, les relations presse, nous avons classé ces acteurs sous trois typologies : le blogueur, le consommateur et le journaliste.

Le blogueur

Anonyme ou non, un blogueur détient un blog c'est-à-dire un site Web personnel présenté sous la forme d'un journal, composé essentiellement d'actualités (« billets » ou « posts »). Publié à l'aide d'un outil conçu spécialement dans ce but, un blog permet de partager ses opinions et d'en discuter avec d'autres internautes. Si pour la majorité d'entre eux, bloguer reste une activité accessoire, certains décident de faire de leur passion un véritable métier. De plus en plus de blogueurs franchissent ainsi le pas et mettent leur expertise en valeur sur le Web, obtenant une exposition qu'aucun autre média ne pourrait leur offrir. Alors quand il dispose d'une très large audience, il détient une partie du pouvoir : 70 % des internautes ont plus confiance dans le discours des autres internautes que dans le discours de marque. L'opinion du blogueur semble ainsi marquée *a priori* du sceau de l'indépendance et de l'objectivité – même si, en pratique, la forme et le fond des messages transmis n'obéissent que de très loin aux règles du professionnalisme journalistique. L'entreprise confrontée à ce nouvel acteur doit réviser sa stratégie en intégrant les blogueurs dans sa politique de relations presse. Parmi les sociétés précurseurs en la matière, on peut citer le cas de la société SFR.

EXEMPLE

SFR, 2e opérateur français de télécommunications et 1er opérateur alternatif européen, lance au printemps 2009 le Gphone, le 1er téléphone développé par Google en mode open source. L'enjeu s'articule autour de 4 grands axes :

- créer l'événement autour de ce lancement alors que le mobile a été présenté plusieurs mois en amont au salon international de Barcelone ;
- ancrer le positionnement de SFR dans le monde de l'Internet mobile ;
- renforcer la dimension « ouverture » ;
- et positionner le Gphone comme une véritable alternative à l'iPhone.

Pour répondre à ces objectifs stratégiques, la société a intégré les blogueurs dans sa stratégie RP, en organisant une avant-première avec les leaders d'opinion de la blogosphère[1] high-tech. Cet événement a permis, à une sélection de blogueurs clés, de manipuler le terminal et de construire un contenu média pour anticiper les réactions. En complément, la société a organisé un rendez-vous informel avec 12 blogueurs clés pour une démonstration du Gphone, 5 jours avant la journée de présentation presse. Placée sous embargo, l'information transmise au blogueur était de même nature que celle diffusée au journaliste.

Tout comme le journaliste, le blogueur, a donc la capacité de transmettre de l'information *via* son blog ou sur les différents canaux Web tels que Twitter, Youtube, Flickr... et à influencer. À ce titre, le monde des relations presse vit une profonde mutation : **il incombe désormais aux communicants de faire évoluer sa pratique du métier en intégrant les blogueurs, au même titre que les journalistes, dans leur stratégie de relations presse.**

1. L'expression blogosphère désigne l'ensemble de tous les blogs et des rédacteurs sur Internet.

En pratique

Ce qu'attendent les blogueurs de la part des marques

Le cas SFR: une bonne pratique en matière de d'intégration des blogueurs dans une campagne RP

Une étude réalisée en mars 2008 par Seprem Études & Conseil intitulée « les attentes des éditeurs de blog » apporte des précisions :

- 82,7 % veulent essayer des produits ;
- 60 % désirent être invités aux événements de la marque ;
- 51,2 % attendent des informations sur les produits et la marque ;
- 30 % accordent de l'intérêt aux dossiers de presse ;
- l'e-mailing de masse est le mode de contact le moins apprécié.

Le consommateur

Deuxième acteur apparu sur la toile : le consommateur. Ce dernier dispose de plus en plus de terrains d'expression directe sur les marques et les produits, avec des audiences qui côtoient aujourd'hui celles des médias traditionnels. Avide de conseils avant de faire un achat, le consommateur est devenu maître de sa consommation comme le révèle l'étude Crédoc pour eBay France :

- 57 % des internautes recherchent des avis de consommateurs sur Internet (soit autant que ceux qui comparent les prix) ;
- ils multiplient les sources d'informations avant d'acheter et consultent en moyenne 2,1 sources d'information (contre 1,4 pour les non-internautes).

Fort de ce climat de confiance, les internautes ont ainsi le sentiment d'avoir plus de pouvoir. Ils sont 45 % à estimer pouvoir mieux maîtriser leur consommation grâce à Internet ; ce chiffre s'élève même à 56 % pour les internautes consultant des avis de consommateurs sur Internet. D'« info-consommateur », nous sommes passés à l'ère de « conso-acteur ».

Dans cette mouvance, l'entreprise doit donc s'adapter et effectuer une vieille permanente sur la toile pour surveiller ce qu'il se dit sur ses produits, son entreprise. Dans le cas contraire, il en va de sa réputation, voire de la gestion d'une crise.

En pratique

Créer des espaces communautaires sur votre site Internet

Créez des espaces de discussions sur votre site pour que vos clients et prospects puissent partager leurs astuces, leurs expériences et leur avis en tant que consommateurs. Cette approche communautaire sur ses propres outils permet d'atteindre deux objectifs :

- canaliser une partie des internautes sur sa marque dans un endroit que vous administrez ;
- et alimenter à moyen terme la presse avec du contenu en leur communiquant des tendances de consommations ou des informations auxquelles vous n'auriez peut-être pas accès.

Exemple : les plus grands sites marchands proposent cette approche. On peut citer, à titre d'exemple, la FNAC, Darty, La Redoute, Les 3 Suisses, Pixmania... C'est également le cas de l'entreprise Cmonassurance qui publie les avis de ses clients sur son site Internet www.c-mon-assurance.com. « Cette nouveauté a pour but de rapprocher l'assureur du consommateur et de créer une relation de confiance, plus humaine, plus durable entre clients, courtiers en assurance et assureurs » explique la société. « Qu'ils soient positifs ou négatifs, cmonassurance joue la carte de l'honnêteté et de la transparence sur son site Web en publiant les avis de ses clients. »

Dans tous les cas, conservez à l'esprit qu'un consommateur peut s'exprimer sur la toile *via* Facebook ou Twitter ou son blog et que vous ne pouvez pas tout maîtriser. C'est la raison pour laquelle, il est important d'instaurer un dispositif de veille.

Le journaliste

Pour élargir leur audience, de nombreux journaux ont lancé des sites communautaires, des blogs, ou des fils d'informations (flux RSS), des versions électroniques... Aujourd'hui, en France, les titres de presse possèdent les principaux sites Internet d'actualité. Toutes les rédactions print ont leur média en ligne : lefigaro. fr, lemonde. fr, latribune. fr... et hormis les sites des fournisseurs d'accès et des moteurs de recherche, la presse traditionnelle draine une vaste majorité des visiteurs. Les premiers sites Internet de presse sont arrivés en France en 1995, puis se sont rapidement généralisés. Olivier Provost, directeur adjoint de la rédaction de *La Tribune* qui est à l'origine du projet de latribune. fr nous donne des éclairages pour mieux appréhender le monde de la presse électronique :

« Face à la montée en puissance du nombre d'utilisateurs et de blogs, qui se sont constitués de façon « anarchique » dans les années 2000, nous avons décidé de créer une version électronique (latribune.fr) avec un espace dédié aux internautes pour interagir. Avec la maîtrise des nouvelles techniques de production de contenus audio et vidéo et l'émergence des modes de consommation (iPods, Smartphones, Youtube...) nous avons progressivement répondu à de nouvelles attentes en offrant des contenus adaptés. À mi-année 2010, nous avons été le premier quotidien a lancé le quotidien numérique disponible la veille, à 21 h30, pour nos abonnés » souligne Olivier Provost.

Comment instaurer un dispositif de veille ?

Parce qu'avec le Web 2.0, tout s'accélère, il est essentiel de mettre en place une veille sur la toile pour surveiller sa e-reputation[1]. Les entreprises peuvent dépenser des millions d'euros chaque année en publicité, mais aujourd'hui un simple billet négatif ou une vidéo sur youtube peut détruire une réputation. Car qu'elles le veuillent ou non les marques peuvent être associées à ce que l'on appelle un buzz[2].

EXEMPLE

> C'est ce qu'a dû affronter l'entreprise américaine U-Lock (leader américain des cadenas pour deux roues) lors du lancement de son cadenas Kryptonite. Suite à une annonce d'un client blogueur affirmant que ce même cadenas de 100 $ était défectueux et pouvait être ouvert avec un stylo à bille à 0,10 $, l'information a mis seulement quelques heures à se répandre sur la toile. Conséquence : la société n'ayant pas réagi assez vite, le *New York Times* s'est emparé de l'affaire. Au final, cette information, qui s'avère véridique, coûtera 10 millions de dollars à U-Lock.

La banque HSBC a connu un buzz négatif après avoir augmenté les pénalités sur les comptes des étudiants à découvert (9,9 % d'intérêts) en profitant d'une période de vacances. Une campagne sur Facebook avec des appellations telles que « Close your HSBC/Student account » ou « Beware HSBC people » l'a forcée à revenir sur sa décision.

1. L'e-réputation se définit comme l'ensemble de la communication sur Internet *via* des blogs, forums, wikis, réseaux sociaux, plateformes de vidéos…

2. Forme de publicité dans laquelle le consommateur contribue à lancer un produit ou un service *via* des courriels, des blogs, des forums ou d'autres médias en ligne. Par extension, rumeur, retentissement médiatique, notamment autour de ce qui est perçu comme étant à la pointe de la mode (événement, spectacle, personnalité, etc.), Larousse, 2010.

Il ne faut donc pas attendre une crise pour commencer à investir dans les médias sociaux, à l'image de Starbucks ou Pizza Hut. La veille est une action récurrente qui s'inscrit dans la durée. Pour pouvoir instaurer un dispositif de veille, il faut avant tout définir un corpus d'analyse c'est-à-dire réaliser une cartographie des acteurs que l'on cible sur Internet. Il s'agit d'identifier les sources influentes dans un domaine particulier.

EXEMPLE

Dans le domaine du LMB (Luxe Mode Beauté), une grande marque de cosmétique va prochainement lancer sa nouvelle gamme de produits bio. L'analyse qui va porter sur la blogosphère féminine doit pouvoir identifier les principaux blogs cosmétiques qui pourront relayer l'information et ceux qui pourront être, au contraire, critiques.

Savoir mettre en place un dispositif de veille sur Internet 2.0

Définissez le corpus de l'analyse

- Identifier vos mots clés et/ou de combinaisons.
- Paramétrez votre recherche « Nom de mon entreprise ou de ma marque » entre guillemets.
- Élargissez la recherche des mots clés à des connexions annexes pour être informé des nouveaux contenus en rapport avec votre expertise, vos activités, vos concurrents, une actualité...

Mettre en place des alertes gratuites sur la toile et dans les médias

- GOOGLE Alerte : gratuit et pratique, avec cet outil vous serez averti par e-mail lorsque de nouveaux articles correspondant aux termes que vous recherchez seront publiés (Web, actualités, etc.).

...

...

- PICKANEWS : moteur de veille plurimédia, il recherche et vous alerte gratuitement tous les matins en interrogeant 50 000 sources d'informations de presse écrite, audiovisuelle et Internet européen.
- Favebot : (pour FAVorit roBOT) cherche du contenu sur plusieurs moteurs de recherche et pas uniquement sur Google. Favebot présente l'avantage de surveiller 9 types de sources différents : Blogs, Livres, DVDs, Événements, Musique, Actualités, Photos, Podcasts, Vidéos.

Recourir aux services payants

- Les services d'alertes : Il existe une multitude d'outils payants. Leur principal avantage est de proposer des filtres pour ne pas perdre du temps à lire un contenu qui ne vous concerne pas.
- Une société spécialisée : bon nombre d'agences en communication se sont spécialisées dans le développement de la connaissance de la marque au sein des différentes communautés du Web. Cette mission est souvent confiée à un « community manager »..

Comment décupler l'efficacité de ses relations presse *via* le Web 2.0 ?

Voici le panorama des stratégies et des opportunités qu'offre le Web 2.0 pour gagner en visibilité dans les médias.

Les avantages des médias électroniques

Au-delà de l'interactivité qu'apporte le Web, il est évident que la presse électronique permet de s'affranchir d'un certain nombre de contraintes :

- la notion de temps disparaît, le fameux « bouclage » ne fait plus partie du jargon des journalistes dédiés au Web ;

- la notion d'espace, le nombre de pages n'est plus limité. « À la tribune.fr, lorsque nous réalisons un dossier de fond, notre objectif est de couvrir le sujet dans sa globalité et de façon la plus exhaustive. Pour le lecteur, l'avantage d'un dossier en version électronique est de trouver une réponse à sa question, en deux clics, au milieu d'une cinquantaine de pages » explique Olivier Provost.

En pratique

Les médias électroniques

Ils permettent aux entreprises de :

- Réaliser une interview audio ou une vidéo. Elles peuvent être ensuite réutilisées sur son site Internet ou diffusées *via* une newsletter par exemple. Nombreuses rédactions, comme celle du *Figaro*, disposent aujourd'hui d'un plateau TV pour leur version digitale.
- Assurer une présence dans un dossier de fond. Contrairement à la presse écrite où les journalistes sont restreints à un certain nombre de signes, le nombre de pages n'est pas limité sur Internet. Vous avez donc plus de chance d'obtenir un article dans la version électronique d'un dossier Web.
- Chatter avec les lecteurs du média.
- Offrir un nouveau regard par rapport à une actualité : la rédaction du *Monde*, se réunit à 6 heures du matin, et à 4 heures de l'après-midi pour préparer l'édition électronique du jour.
- Proposer des sujets : c'est la nouvelle tendance le « demand media ». Quel sujet d'actu voulez-vous que nous approfondissions ? Est la question que posait le figaro.fr en juillet 2010 à ses lecteurs.

Le rich média : une valeur ajoutée pour vos communiqués de presse

Importé des États-Unis, le rich média permet l'intégration de différents supports comme les photos, les vidéos ou les fichiers sonores. Dynamiques et interactifs, ces contenus sont un levier à part entière pour optimiser votre campagne de relations presse en offrant des messages complémentaires aux journalistes et ainsi favoriser une meilleure interaction entre le journaliste et le contenu. Il est conseillé lors d'une annonce importante, du type :

- acquisition,
- nouvelle implantation,
- rupture technologique...

de joindre, sous forme d'un lien url qui ramène sur votre site Internet, une vidéo du PDG ou d'un porte-parole en complément du communiqué de presse. Cette approche permet aux journalistes de mieux appréhender les tenants et les aboutissants d'une annonce, qui ne saurait tenir en une seule page d'un communiqué de presse. C'est le cas d'Apple, qui lors du lancement à la presse du nouvel ordinateur portable, le MacBook Air, a inséré un lien dans son communiqué de presse vers une vidéo. (http://www.apple.com/fr/macbookair/).

Le référencement et la participation à des forums : la convergence avec les RP

Attirer l'attention de vos publics et créez un climat de confiance sur des forums pour vous faire connaître, vous faire aimer et faire agir :

- participez à des forums de discussion, commentez les blogs de votre secteur et/ou votre région ;

- offrez de la transparence avec la publication d'articles sur vos produits ou services sur des sites à fortes audiences.

Cette démarche vous permettra d'accroître votre notoriété qui, dans le même temps, pourra attirer l'attention de journalistes.

Les moteurs de recherches : optimisez le référencement de vos communiqués de presse pour une meilleure indexation

Pour assurer une plus grande visibilité sur la toile, diffusez vos communiqués de presse sur des portails gratuits de diffusion. Véritable relais d'information, ces sites vous permettront de relayer votre information à un plus grand nombre et d'augmenter de façon naturelle votre référencement dans les moteurs de recherche. La liste proposée ci-dessous n'est pas exhaustive mais vous propose les plus importants :

- http ://www.categorynet.com/
- http ://www.presse-fr.com/
- http ://www.communiques.infos-decideur.com
- http ://www.news-eco.com/

Les blogs, les wikis et les réseaux sociaux

De la gestion d'une communication à celle d'une relation, les réseaux sociaux, blogs et wikis sont devenus des outils incontournables. Pour les entreprises et leurs marques, gérer ces nouvelles formes de diffusion de l'information est indispensable.

Les blogs d'entreprise et les wikis

Pourquoi les blogs et les wikis seraient-ils réservés aux grands groupes ? À part les grosses structures ou agences de buzz/RP qui ont bien compris l'intérêt d'un blog et qui disposent de moyens suffisants pour s'y investir, force est de reconnaître que les blogs n'ont pas encore fait une percée significative dans les petites structures de type PME.

Des considérations générales sur le métier jusqu'aux anecdotes qui ponctuent la vie des affaires, en passant par des brèves sur le secteur d'activité concerné ou encore des témoignages clients, une entreprise est une mine d'or pour alimenter un blog en contenu, à condition de savoir le mettre en scène bien sûr. Inutile de dire que si vous bloguez régulièrement sur des sujets liés à votre cœur de métier, et que vous savez de quoi vous parlez, votre savoir-faire sera fortement valorisé et validé par vos écrits. Vos lecteurs s'en souviendront peut-être au moment de vous inclure dans un appel d'offres, car ils auront l'impression de vous connaître un peu. C'est plus facile de traiter des affaires quand on connaît les gens : les acheteurs ont besoin d'être rassurés. Rassurez-les avec votre blog en montrant qui vous êtes vraiment.

Les réseaux sociaux

Un seul chiffre permet de mieux réaliser l'ampleur de ce phénomène « communautaire » sur la toile : à titre de comparaison si Facebook était un pays, il serait le troisième plus peuplé du monde, après la Chine et l'Inde ! En juillet 2010, la barre des 500 millions de membres a été franchie[1].

Les réseaux sociaux : outils de diffusion pour décrocher des articles dans la presse

Les sociétés outre-manche ont rapidement intégré les réseaux sociaux dans leur stratégie de communication pour faire grimper leurs ventes mais aussi faire parler d'elles dans les médias.

1. http://mashable.com/2010/07/22/facebook-500-million-infographic/.

EXEMPLE

Le compte Twitter de Dell, « Dell Outlet » aurait permis à la marque de réaliser plusieurs millions de dollars de chiffre d'affaires depuis son ouverture en 2007... et lui a valu plusieurs articles. Et contrairement aux idées reçues ce n'est pas réservé aux grands groupes à l'image de Kogi Barbecue, le petit camion de tacos qui annonce sur Twitter son arrivée dans un quartier : http://kogibbq.com et qui a ainsi attiré l'œil de certains journalistes.

Grâce à Facebook ou Twitter on peut donc non seulement communiquer directement avec ses clients potentiels, gagner de l'argent mais aussi faire parler de soi auprès de journalistes.

EXEMPLE

C'est le cas de la société américaine « vetrazoo », une PME américaine spécialisée dans le recyclage de bris de verre pour faire des plans de travail. Cédric Ingrand, journaliste à LCI lui a consacré un reportage dans son émission *Plein Écran* dédiée aux réseaux sociaux. Cette société a fait le choix d'une campagne de communication exclusivement sur les réseaux sociaux pour identifier les influenceurs et les dernières tendances.

Attention toutefois à ne pas contactez un journaliste *via* Facebook. Même s'il utilise les réseaux sociaux, ne lui envoyez pas de communiqué de presse ou d'invitation pour chatter. Les réseaux sociaux sont de bons outils, utilisés sciemment et professionnellement, pour créer du lien avec ses clients, mais pas avec les journalistes.

Les réseaux sociaux, sources d'information pour les journalistes : oui, mais...

Source de concurrence pour eux, les médias historiques (radio, télévision, presse écrite) se préoccupent de plus en plus des réseaux sociaux, ne pouvant ignorer ce qui est devenu – plus qu'un phénomène de mode – une pratique quotidienne. Une étude réalisée par le cabinet d'études Cision et la George Washington University[1] menée auprès de 371 journalistes américains de la presse écrite et Internet fin 2009 confirme cette tendance.

Parmi les journalistes interrogés, 56 % admettent que les médias sociaux leur sont utiles dans la phase d'enquête et de production d'articles (63 % des journalistes Web et chez 48 % des journalistes qui travaillent en magazine).

« Prêts à écouter ces sources, les journalistes n'en sont pas moins prudents sur leur qualité : 84 % des sondés estiment que les contenus des médias sociaux sont moins ou légèrement moins fiables que ceux contenus dans les médias traditionnels. Plus un journaliste est expérimenté, plus il semble se méfier de ces sources, être issu de la presse écrite renforce encore cette idée. Principal grief : le manque de vérification (cité par 49 % des sondés) » reprend *Le Figaro*.

En France, une étude réalisée auprès de 15 journalistes français dans la même période, fin 2009, tire un constat quasi similaire : « la majorité des journalistes préfère aujourd'hui encore les dossiers de presse aux blogs d'entreprises pour la communication corporate ». D'après cette étude, commandée par le cabinet de conseil en communication globale Waggener Edstrom Worldwide[2] intitulée *Le labyrinthe de la communication digitale*, seuls 15 % des journalistes interrogés disent surfer sur les pages Twitter de certaines entreprises, avec plus pour objectif de « prendre le pouls et découvrir les tendances » que d'exploiter ces informations d'un point de vue journalistique.

Les 75 % restants estiment que Facebook est suffisant, et que multiplier les visites sur les réseaux sociaux peut être une perte de temps. Préférant utiliser ces plateformes à un usage personnel plutôt que professionnel, ils mettent une nouvelle fois en cause la fiabilité et la pertinence des informations mises en ligne dans ce cadre.

1. http://blog.lefigaro.fr/medias/2010/02/les-reseaux-sociaux-nouvelles.html.
2. http://www.waggeneredstrom.fr/downloads/WE_Paris_Comms_Low.pdf.

Faites le point

- Construire ses relations presse en ligne et dans la sphère 2.0 impacte les entreprises qui :
  > Doivent faire face à de nouveaux leaders d'opinions tels que les consommateurs, les blogueurs et les journalistes. Il leur incombent désormais de faire évoluer leur pratique en matière de relations presse en intégrant les blogueurs au même titre que les journalistes.
  > De nouveaux usages que sont les blogs, les wikis ou les réseaux communautaires tels que Facebook ou Twitter.
- Décupler l'efficacité de ses relations presse *via* le Web 2.0 est possible en s'appuyant sur :
  > les médias électroniques ;
  > le rich média : une valeur ajoutée pour les communiqués de presse ;
  > le référencement et la participation à des forums ;
  > les moteurs de recherches pour optimiser le référencement des communiqués de presse et une meilleure indexation ;
  > les blogs, les wikis et les réseaux sociaux.
- En parallèle, les entreprises doivent surveiller ce qui se dit sur la toile en mettant en place des outils de vieille. Il en existe des gratuits et des payants. Au-delà de veiller à leur e-reputation, les entreprises doivent également s'approprier les fondements du Web 2.0 basés sur l'échange et l'écoute, et, en aucun cas, attendre une crise pour investir dans les médias sociaux.

Se tester

vrai faux

1 ■ Réussir ses relations presse signifie s'adresser à toutes les formes de presse. Tous les supports (écrits, radios, télés, médias Internet, blogs, réseaux sociaux) doivent-ils être destinataires des communiqués ? ☐ ☐

2 ■ Il incombe aux blogueurs de rechercher de l'information sur la toile et de la relayer sur ce blog. En tant que communicant, n'est-il pas de mon devoir de l'insérer dans ma stratégie RP ? ☐ ☐

3 ■ Comparé à un journaliste qui s'adresse à un vaste public, le blogueur s'adresse-t-il avant tout à une niche communautaire ? ☐ ☐

4 ■ Surveiller ce qui se dit sur la toile est-il la première étape d'un processus de veille ? ☐ ☐

5 ■ Avec Facebook ou Twitter, communiquer directement avec ses clients n'est pas possible ? ☐ ☐

6 ■ Créer un espace sur son site Internet pour que mes clients puissent s'exprimer n'est-il pas un moyen efficace pour mieux contrôler sur ce qui se dit sur mon entreprise ? ☐ ☐

7 ■ Mettre en place un dispositif de veille sur Internet, n'est-il pas coûteux et réservé aux grandes structures qui disposent des moyens humains nécessaires ? ☐ ☐

8 ■ Insérer une vidéo sur un communiqué de presse important permet d'offrir une meilleure interaction entre le journaliste et le contenu ? ☐ ☐

(Réponses page 45)

À VOUS DE JOUER

Annoncer une nouvelle collection

Jouez la synergie entre RP et réseaux sociaux !

Vous êtes responsable de la communication pour une marque de prêt-à-porter. Le service marketing souhaite organiser un événement pour présenter sa nouvelle collection à ses clientes. Il est décidé d'organiser un défilé de mode dans l'un des magasins de la marque. Les 200 premières inscrites sur le site Web de la marque pourront accéder sera à cet événement VIP.

Quelle est selon vous la meilleure façon de profiter du Web 2.0 pour gagner en visibilité dans les médias ?

Nos conseils :

Avant toute chose, créez une page Facebook, ou un nouveau post si la marque dispose déjà d'un profil, pour diffuser l'information et créer un buzz sur la toile.

Augmentez l'impact de votre message, en utilisant plusieurs canaux :

- Envoyez l'information au préalable aux blogueurs pour qu'ils la relaient sur leur blogs.
- Invitez les journalistes et les 10 blogueurs les plus influents à cet événement privé.
- Postez votre communiqué de presse sur des sites de diffusions.
- Mettez une vidéo sur la home page de votre site Internet : elle pourra être postée sur des sites comme youtube et donner de la visibilité à la marque.
- Organisez un tchat avec les lecteurs d'une version électronique d'un média.

réponses

1 ▪ Vrai

Réussir ses relations presse signifie s'adresser à toutes les formes de presse. Tout ceci crée un flux vertueux où se complète la diffusion de l'information légitimée par les journalistes puis les réseaux sociaux.

2 ▪ Faux

Il incombe désormais aux communicants de faire évoluer sa pratique du métier en intégrant les blogueurs, au même titre que les journalistes, dans leur stratégie de relations presse.

3 ▪ Vrai

Un journaliste s'adresse à un vaste public, et le blogueur s'adresse avant tout à une niche communautaire. Mais cela ne réduit pas pour important l'influence que ce dernier peut avoir.

4 ▪ Vrai

Surveiller ce qui se dit sur la toile est la première étape d'un processus de veille.

5 ▪ Faux

Grâce à Facebook ou Twitter on peut non seulement communiquer directement avec ses clients, mais aussi faire parler de soi auprès de journalistes.

6 ▪ Vrai

Créer un espace sur son site Internet pour que ses clients puissent s'exprimer est un moyen efficace pour mieux contrôler sur ce qui se dit sur mon entreprise.

7 ▪ Faux

Mettre en place une veille sur Internet, n'est-il pas nécessairement coûteux. Il existe aujourd'hui une panoplie d'outils gratuits pour surveiller la toile.

8 ▪ Vrai

Le rich média permet d'offrir messages complémentaires aux journalistes et ainsi favoriser une meilleure interaction entre le journaliste et le contenu.

3 L'univers des médias

Se poser les bonnes questions

Un éditeur de logiciels américain, appelé GranSoft, va prochainement pénétrer le marché Européen. La société, qui a souhaité se faire accompagner, annonce qu'une agence anglaise a remporté l'appel d'offres pour sa campagne RP en Europe. L'agence, qui n'a pas de correspondant français, déclinera la communication en France par une simple traduction. Aucune adaptation dans le style d'écriture ni dans la recherche d'angle ne sera effectuée. Alors que d'un pays à un autre, le monde de la presse diffère de par son organisation, son model économique, et sa liberté, l'agence en RP va commettre plusieurs erreurs. Dans ce chapitre, il s'agit donc de s'approprier l'univers des médias en France en répondant à un certain nombre de questions :

- Quelles sont les dernières évolutions du monde de la presse ?
- Quels sont les différents types de média ?
- Qu'est-ce qu'un journaliste ? Comment sélectionne-t-il l'information ?
- Comment bâtir une relation avec un journaliste ?
- Comment constituer un fichier presse ?

Évolution du monde de la presse

Depuis les années 1980, le secteur de la presse a subi de profondes mutations. Avec en toile de fond des mouvements de capitaux, où s'alternent des phases de concentration et de déconcentration, le marché a connu la montée en puissance de nouveaux venus, à savoir des hommes d'affaires. On peut citer Édouard de Rothschild qui investit dans *Libération* en 2005, tandis que Serge Dassault rachète *le Figaro* la même année. François Pinault, avait quant à lui, acquis *Le Point* en 1997. Notons qu'Arnaud Lagardère, le premier éditeur mondial de magazines, détient de très nombreux journaux, magazines et radios : *Paris Match, Le Journal du Dimanche, Elle, Télé 7 Jours, Ici Paris, Entrevue, La Provence, Marseille Plus, Nice Matin*, Europe 1, BFM, MCM, Europe 2 TV...

L'autre phénomène qui accompagne la recomposition de la presse française est l'hyper-concurrencialité de ce secteur. La concurrence se fait à plusieurs niveaux.

Premier niveau de concurrence : l'apparition d'autres techniques ou supports

Le premier à avoir ouvert le bal est l'Internet. Depuis son apparition, son utilisation a connu une augmentation exponentielle, le positionnant comme première source d'information avant les médias papier. L'Internet a, pour la première fois, dépassé les journaux et magazines sur papier comme principal fournisseur d'informations aux lecteurs européens, selon une étude publiée dans le quotidien économique britannique *Financial Times*, en 2006.

La seconde concurrence est venue de la PQG – presse quotidienne gratuite – plus communément appelée « les gratuits ». Entrés dans notre paysage médiatique urbain, ils traînent et trônent sur les sièges du métro, des bus, des tramways des grandes villes françaises. Affectant marginalement la diffusion de la presse payante, les quotidiens gratuits révèlent les lacunes du système de distribution français et une demande du public qui n'avait pas été satisfaite jusque-là. En effet, les lecteurs apprécient qu'on leur apporte le quotidien à des endroits stratégiques tels que la gare, le métro ou sur leur lieu de travail (pour les grandes structures). Les gratuits occupent à la fois un nouveau terrain géographique encore inexploité par celui des payants et un nouveau terrain temporel, le temps du trajet travail-domicile.

EXEMPLE

Lancés sur le marché français au printemps 2002, *Métro* et *20 minutes* ont été les premiers sur l'Hexagone. Quatre ans plus tard, en juin 2006, le groupe Bolloré, a lancé *Direct Soir* le premier journal gratuit diffusé. Depuis d'autres titres ont été lancés en régions en riposte aux titres nationaux : le premier a été *Marseille Plus*, lancé en 2002 par *La Provence*, suivi en mars 2004 par *Toulon Plus*, *Lille Plus*, *Lyon Plus*, puis *Bordeaux 7*. Au total, ce sont environ 5 millions d'exemplaires qui sont distribués gratuitement du lundi au vendredi dans les grandes métropoles françaises.

Ces deux nouveaux relais d'informations ont mis à mal les recettes publicitaires des médias dits traditionnels, car les gratuits drainent une partie des recettes publicitaires vers eux, et surtout, captent l'attention des jeunes qui progressivement s'habituent à ne plus acheter le journal. En parallèle, les annonceurs poursuivent leur retrait des médias et la publicité traditionnelle sous forme de vente d'espace qui ne représente plus qu'un tiers des dépenses des annonceurs. Ces derniers se tournent de plus en plus vers d'autres formes de communications telles qu'Internet.

Deuxième niveau : au sein des médias

Cette concurrence se fait également à un second niveau, au sein même des médias : pour s'adapter les médias essayent de trouver des dispositifs qui viennent compléter leur identité pour pouvoir trouver des sources de revenus. Car l'audience se disperse de plus en plus au sein de l'offre de supports et de titres qui lui est faite. Les lecteurs des magazines ne sont pas moins nombreux, mais ils reviennent moins souvent vers chacun des titres d'une offre devenue plus large[1]. Alors pour se démarquer de la concurrence, les médias ont dû s'adapter et développer une panoplie d'outils Web ou de gammes de services pour attirer l'audimat. Car tout comme une société privée, chaînes de télévision, radio ou presse écrite doivent se doter d'avantages concurrentiels.

Pour s'adapter et accompagner leur public, les médias innovent, s'adaptent et font du marketing. Ils ont su inventer de nouveaux usages avec la possibilité de visionner ou écouter une émission sur Internet ou encore « on-demand ». À la télévision, cela se traduit par des replay : M6 replay, TF1 replay, France 2 Replay et à la radio par des podscast : BFM Podcast, RTL Podcast, FranceInfo Podcast... et dans le même temps, les médias sont devenus interactifs en créant du sens et un lien avec son public. Il nous est désormais possible d'agir, d'intervenir et de dialoguer en direct avec des invités sur des plateaux de télévision ou à la radio.

Troisième niveau – au sein même de la même publication

Le boom d'Internet a en effet conduit à mutualiser ou diviser les rédactions d'un même groupe.

1. Source : AEPM Somme des LDP. Médiamétrie – Global TV. Robert Picard/Jönköping International Business School, Jönköping University (p. 32), 2008.

EXEMPLE

- À la rédaction de *La Tribune* et du *Figaro*, les versions papiers et éléctroniques sont désormais mutualisées.
- Tandis que le quotidien *Le Monde* a fait le choix de rédactions divisées. Pour autant, même si les rédactions sont séparées, l'une alimente l'autre et l'interactivité entre les deux rédactions est permanente.

Les différents types de média

De la télévision aux journaux, en passant par la radio, il existe une multitude de types de médias. Plus couramment nommés par leur acronyme, ci-dessous un décryptage du jargon journalistique.

La presse écrite

La presse écrite, qui connaît de grandes difficultés, est l'un des médias où il existe une forte diversité.

Les quotidiens

- La PQR (Presse quotidienne régionale) : *Ouest France, Le Courrier de l'Ouest, Nice Matin...*
- La PQN (Presse quotidienne nationale) : *Le Monde, Le Figaro, Libération, Le JDD, Les Echos.*
- PQNFR (Presse quotidienne nationale française gratuite) : *20 minutes, Metro, France soir.*

Les magazines

S'ajoutent à toute cette presse dite « quotidienne », les magazines qui peuvent être diffusés à un rythme hebdomadaire (les « hebdos ») ou mensuellement (les mensuels) : *L'Express, Le Point, Le Nouvel Observateur...* À noter qu'en France, les magazines les plus vendus sont la presse féminine.

Les médias de masse

On appelle médias de masse (en anglais *mass media*) les médias à même de toucher une large audience. Pour Rudolf Arnheim dans son livre intitulé *Radio*, publié en 1936, on comprend aisément que leur force de frappe est liée à leur caractéristique commune qui est la capacité à s'adresser, dans un même temps, à un grand nombre de personnes situées dans des lieux différents : « grâce à la radio et à la télévision, de très nombreux êtres humains entendent et voient en même temps ce qui se passe aux quatre coins du monde »[1].

La radio

Il existe différents styles de radios : les généralistes, les économiques, les musicales ou les régionales. L'avantage de ce média est qu'il donne très souvent la parole aux entreprises porteuses de projet ou d'actualité.

La télévision

Encore l'un des médias les plus puissants, même en 2011. Un reportage au 20 h 00 est sans un aucun doute un énorme coup de projecteur. Il existe également une multitude d'émissions pour faire parler de sa marque sur les chaînes nationales : *100 % Mag, Plein Écran, C'est dans l'air*, mais aussi sur les chaînes du câble : *France 24, Teva...*

La presse Web

Nouveau sur le devant de la scène, le média Internet a su s'imposer comme un média puissant. En plus de la presse écrite qui se dote de moyens pour avoir une version électronique, il existe des médias uniquement disponibles sur le Web comme : rue89.com, mediapart.fr, telelibre.fr...

1. Rudolf Arnheim, *Radio*, Van Dieren, 1936, p. 221.

L'organisation des rédactions

L'organisation des rédactions dépend de l'histoire de chaque titre de presse, mais dans la majorité des cas, elles sont structurées thématiquement en services : économie, étranger, sport, collectivités locales... qui sont eux-mêmes divisés en rubriques : aéronautique, emploi, nouvelles technologies, santé...

Dans un quotidien national, les rédactions comprennent en moyenne une centaine de journalistes, y compris les rédacteurs en chef et les secrétaires de rédaction.

En pratique

Les différents acteurs d'une rédaction

- Le rédacteur en chef : il dirige les conférences de rédaction. Il décide des sujets qui passeront ou non dans le journal.
- Le journaliste d'agence de presse : un journal, une radio ou une télévision ne peuvent pas avoir des correspondants partout dans le monde, cela leur coûterait trop cher. C'est pour cela qu'ils confient ce travail à des agences de presse.
- Le secrétaire de rédaction : quand les articles sont rédigés, il fait un travail de relecture et de maquette. Il peut modifier les articles qu'on lui a donnés.
- Le correcteur corrige et vérifie les sources des articles.
- Le directeur artistique réalise la page et les découpes, à partir des textes qu'on lui donne.
- L'infographiste : il est dessinateur et informaticien.

Qu'est-ce qu'un journaliste ?

Le journaliste peut exercer son activité de manière très différente selon le média pour lequel il écrit, mais qu'il soit au sein d'une rédaction Web, de presse écrite ou de radio, chaque journaliste commence sa journée en prenant connaissance de l'actualité, sélectionner des sujets, le tout dans le but de définir les informations du jour même ou du lendemain.

Un récepteur et un diffuseur d'informations

Un journaliste est là pour informer. Il sélectionne des informations, les vérifie, les trie et les rend accessibles au public. Il peut exercer ses fonctions au sein d'une agence de presse (AFP et Reuters sont les deux plus connues), un média écrit, un média Web, une radio, une chaîne de télévision... ou en « free-lance » (il est alors « pigiste »). Un journaliste est souvent curieux, dispose d'une solide culture générale et de qualités d'expression écrite et orale. Leurs principales sources d'information selon le Baromètre CSA sont :

	Ensemble
(Réponses données à l'aide d'une liste)	%
– Vos propres sources	58
– Le travail d'investigation sur le terrain	38
– Les services de presse et de communication	28

Un homme pressé, extrêmement sollicité

La principale contrainte d'un journaliste est le temps. Quel que soit le média auquel vous souhaitez envoyer une information, vous devez prendre en compte ses principales contraintes : emploi du temps, délais de bouclage, qualité de l'information suggérée... Quotidiennement noyé dans un flot d'information continu, le journaliste doit avoir le « coup d'œil » et de la dextérité pour rester dans la cadence qui lui est imposée. En moyenne, les journalistes reçoivent 130 communiqués de presse par jour ! Il va sans dire que son temps lui est compté.

Un homme qui travaille dans l'urgence

La journée du journaliste est rythmée par les heures de bouclage ou l'heure de diffusion du journal radio ou télévisé. Même si la période de bouclage dépend du support, de sa périodicité et de son organisation, quelques généralités subsistent.

Les périodes de bouclage dans la presse écrite

D'une façon théorique, les principales périodes de bouclage dans la presse écrite sont :

- pour un mensuel, bouclage 2 mois avant parution ;
- pour un hebdo, bouclage entre 1 mois et 15 jours avant parution ;
- pour un quotidien, bouclage entre 1 semaine et la veille de la parution.

Pour connaître la période de bouclage, vous pouvez appeler la secrétaire de rédaction dont vous trouverez les coordonnées dans l'ours[1] ou sur Internet à la rubrique contact.

1. L'ours désigne l'endroit où, dans une publication, sont répertoriés les noms et fonctions des collaborateurs (rédaction, services commerciaux et administratifs), la publication OJD, le nom de l'imprimeur.

Voici les principaux jours de bouclage des principaux hebdomadaires français :

- bouclage le mardi pour une parution le jeudi : *Le Point, Le Nouvel Observateur, L'Express* ;
- bouclage le mercredi pour une parution le samedi : *Le Figaro Magazine*.

Savoir relancer les journalistes dans un quotidien national économique

Pour mieux comprendre l'heure à laquelle il est plus propice de relancer un journaliste, appropriez-vous leur quotidien :

- 10 heures : première conférence de rédaction en présence des directeurs de l'information, des rédacteurs en chef et des chefs de service. On détermine les sujets à traiter dans la journée, ainsi que la place qui leur sera accordée dans le quotidien.
- 15 heures : seconde conférence de rédaction.
- 17 heures : troisième et dernière conférence de rédaction. Il s'agit de faire le point sur l'actualité et sur la Une du lendemain.
- 18 heures : C'est l'heure à laquelle, les journalistes doivent généralement rendre leurs papiers, ce sera plus tard dans certains cas. Il est donc préférable d'éviter la période de fin de journée pour les relancer. « Idéalement, il est préférable de nous appeler dans la matinée entre 11 h 00 et 13 h 00 ou entre 14 h 00 et 15 h 00. » explique M. Dominique Malécot, journaliste aux *Échos*.

Toutefois, en pratique, certaines de leurs journées peuvent aussi ressembler à ce qui suit.

En pratique

Une journée dans un grand quotidien économique *Les Échos*

Avec Dominique Malécot, journaliste à la rubrique Collectivités locales

Dimanche de permanence au journal : vers 17 heures, par téléphone, choix des sujets prévus pour l'édition du mardi avec le chef de service. Tout est bordé.

Dimanche 19 heures. Il paraît indispensable de rajouter un sujet sur la grève des ports qui « monte ». 20 heures : déjeuner annulé par SMS, le délégué général est invité à la même heure à un journal télévisé pour s'exprimer sur la grève.

Lundi 11 octobre 2010 :

7 h 15 : lecture des dépêches avant de quitter le domicile. Le sujet sur les ports se confirme. Départ pour un rendez-vous avec le directeur de cabinet d'un ministre à 8 h 15. Arrivé sur place le rendez-vous est retardé d'une demi-heure.

8 h 50-9 h 35 : réunion avec le directeur de Cabinet.

10 heures : de retour à la rédaction conférence. Le dispositif « ports » est arrêté. Il y aura deux papiers.

10 h 40 : relecture et envoi de copie.

12 h 10 : prise de contact avec un informateur sur les ports. Un rendez-vous est pris.

12 h 45 : déjeuner de travail avec l'informateur.

Retour au journal à 14 h 40 : les papiers ont été confirmés à la conférence d'implantation (où on place les sujets dans le journal) mais passeront dans une autre rubrique, ce qui en modifie l'angle.

Conférence de rédaction à 15 heures. Le dispositif est confirmé.

...

• • • En pratique

16 h 30 : remise du premier papier. Poursuite de l'enquête téléphonique. Un ministre est en déplacement dans un port, on ne peut joindre personne, tous les contacts possibles suivent le ministre, portable fermé. La rédaction du deuxième papier commence mais il manque des infos.

18 h 45 : le papier est envoyé au rédacteur en chef pour relecture.

19 h 08 : les dernières infos arrivent. Elles ne remettent pas en cause le papier.

20 h 30 : le journal a pris du retard. les pages « ports » sont parties. Départ du journal.

Les périodes de bouclage à la radio et la télévision

Pour la radio ou la télévision : les délais peuvent varier d'une semaine à 2 mois. Cela varie énormément en fonction du type de média visé. Pour généraliser, comptez sur un délai d'un mois au minimum.

En pratique

Une journée dans une radio économique

Avec le journaliste Stéphane Soumier, rédacteur en chef de *BFM Business*

- 4 h 30 : arrivée à la rédaction. Deux journalistes, déjà là, ont remonté les dépêches. Nous faisons le point avec le spécialiste des marchés et nous regardons la tendance en Asie.
- 5 h 00 : coup d'œil sur la presse.
- 5 h 30 : on structure les journaux et on adapte éventuellement en fonction des évolutions de la nuit.
- 6 heures-9 heures : je suis à l'antenne.
- 9 heures-9 h 15 : pause-café. • • •

En pratique

...

- 9h15 : on épluche l'agenda de l'AFP et les mails des annonceurs (entreprises) sur leurs activités du jour.
- 9h45 : conférence de presse avec les différents responsables des secteurs, pour faire le point sur la journée et le lendemain.
- 10h30 : on commence à lancer les invités pour le lendemain (on essaie au maximum d'anticiper, il est donc assez rare de lancer des invités pour le lendemain, même si cela arrive).
- Vers 11h30 : on prend le temps de traiter les sujets « hors news », pour entretenir les contacts et réfléchir sur des thématiques.
- 12h30 : déjeuner.
- 16heures : point sur les retours pour le lendemain matin et préparation des interviews.
- 19heures : on réalise la grille du lendemain matin. On compose les journaux qui passeront toutes les demi-heures, en essayant de varier les sujets d'ouverture, de faire le moins répétitif possible mais de donner l'essentiel quand même, cocktail complexe et passionnant à composer.

Contactez un journaliste au meilleur créneau horaire

Relanceriez-vous un journaliste radio au moment où il est en direct ou à l'antenne ? Non. Veillez à respecter certains créneaux horaires pour relancer les journalistes. Cela est vrai pour la presse quotidienne, la télévision ou la radio ou les hebdomadaires.

EXEMPLE

« *Le Monde* présente la particularité d'être daté du lendemain de son jour de parution. Son édition du jour est disponible à midi dans les kiosques parisiens et le soir même dans les grandes villes de France. Le "bouclage" se fait le matin vers 10h30, ce qui permet d'intégrer des informations tombées dans la nuit ou tôt le matin. Idéalement, il est plus facile de nous joindre l'après-midi » explique Pierre Le Hir, journaliste au *Monde* pour les pages sciences et planètes.

Dans les hebdomadaires, si la date de bouclage est le jeudi par exemple, évitez d'appeler ce jour-là.

Comment le journaliste sélectionne-t-il l'information ?

Pour mieux comprendre ce qui fera l'actu de demain, intéressons-nous à ce que cherche un journaliste.

Une information de qualité

Pour sélectionner une information, le journaliste recherche avant tout une information nouvelle ou de qualité. C'est dans la capacité à intéresser son lecteur/auditeur que le journaliste va traiter ou non une information.

Pour le journaliste, dont l'une des sources d'information est très souvent le communiqué de presse, les trois critères indispensables pour retenir un communiqué de presse sont les suivants.

Une information liée à l'actualité du moment

L'actualité du moment et le fait que les autres médias parlent d'un sujet est un critère important pour sélectionner une information. Est-ce l'une des raisons pour lesquelles les médias parlent souvent des mêmes sujets ? L'hyper-concurrencialité au sein des médias pousse les journalistes à marquer leurs confères à la culotte. Comment un journaliste pourrait faire l'impasse sur le crash du vol Paris-Rio, la défaite des bleus à la coupe du monde 2010, les nouvelles mesures prises par le gouvernement à la rentrée... ?

En fait, ce qui peut faire la différence, c'est le traitement de l'information et de la place accordée par le média : dossier, brève, article, encart ou simple entrefilet. La presse est dans une logique de séduction, et comme toute entreprise à but lucratif, elle doit savoir séduire ses clients et les fidéliser avec de l'information (son offre produit) qui répond à des attentes.

En pratique

Se positionner en tant qu'expert

L'information n'étant pas figée, il faut savoir être à l'écoute, rebondir sur l'actualité et raconter une histoire : la taxe carbone, la pollution, le chômage, la géolocalisation, le chèque emploi service, les nouvelles technologies... Bref, autant de sujets sur lesquels les journalistes trouvent toujours intéressant d'avoir à leur micro ou dans leur colonne, une interview d'un chef d'entreprise qui apporte de nouvelles solutions ou le témoignage d'un de ses clients. Cela donne un nouvel angle et une réelle plus value en terme de contenu. Pour votre entreprise, il s'agit alors de se positionner en tant qu'expert sur ses marchés cibles auprès de journalistes clés. En utilisant cette technique, il n'est pas rare, de se voir contacter ensuite par d'autres journalistes qui ont eux-mêmes besoin de ce type de témoignage.

Une information émanant d'une institution connue

Logiquement, l'entreprise qui a acquis une certaine image et notoriété, aura plus de faciliter à retenir l'attention du journaliste, car comme le souligne justement Cédric Ingrand, journaliste à LCI : « son actualité n'est pas une actualité ». Notez, qu'il n'y a peu de distinction entre les différents médias. Alors comment faire pour attirer l'attention des médias lorsqu'on n'est pas connu ? Pour une entreprise de taille moyenne ou une association, il n'est pas franchement toujours évident d'avoir un produit ou concept novateur ou une actualité différenciante. En pratique, voici plusieurs techniques.

En pratique

Soyez audacieux et osez !

- Les calendriers rédactionnels : comme l'indique leur nom, ils permettent de suivre les prochains sujets que couvriront les rédactions. Certains prévoient de longue date les thématiques abordées dans leurs futurs numéros. Il est d'usage de le demander aux rédactions, qui selon leur choix stratégique, peuvent vous le communiquer ou non. Véritable outil de veille, ce planning vous permet de suivre les dossiers et sujets que les journalistes aborderont dans leurs prochains numéros.
- Les trophées : les médias s'appuient également sur les trophées pour alimenter leur actualité. On peut citer par exemple le trophée de l'Entreprise, qui chaque année, depuis 1986, désigne les 100 PME les plus performantes pour retenir les trois plus rentables, les plus innovantes et qui exportent le plus.

Pour votre entreprise, c'est un réel coup de projecteur pour gagner en visibilité dans la presse.

- La tribune libre : trop peu souvent utilisée, une tribune libre permet de donner son point de vue et son opinion sur un sujet précis. Il ne s'agit pas de faire la promotion de l'un de ses produits mais de mettre en avant ses idées et d'apporter une réflexion, une expertise et de faire avancer une information.
- Les marronniers : en journalisme, un marronnier est un article d'information de faible importance meublant une période creuse,consacré à un événement récurrent et prévisible.
  La qualité première du marronnier est que sa parution est programmée d'une année sur l'autre. Les sujets ont donc leur saison, et il est coutume de voir avant l'été les Unes des magazines féminins vanter les mérites de nouveaux régimes, ...

...

de nouvelles recettes minceurs ou de crèmes encore plus amincissantes. À la rentrée, le journal de 13h00 fera un reportage sur le prix des fournitures scolaires, suivi par les touristes qui profitent de l'arrière-saison.

Une information qui fournit des angles

Un angle est la manière dont le journaliste va choisir de traiter un sujet. L'angle permettra au journaliste de hiérarchiser les informations et réduire son champ d'enquête. Choisir un angle permet de capter l'attention du lecteur par un style simple, vif et direct. Si vous le leur fournissez déjà dans le communiqué, vous aurez plus de chances d'être publié.

EXEMPLE

Voici les angles possibles pour un sujet sur la rentrée scolaire :

- la difficulté des étudiants à se loger ;
- l'évolution des prix ;
- un comparatif des programmes scolaires avec nos voisins européens ;
- le bio dans les cantines : que mangent nos enfants ?

Une information qui obéit à la loi de la proximité

Elle est plus communément appelée dans le jargon journalistique : « la loi du "mort-kilomètre" : plus un événement se passe loin, moins il intéresse le public ou en d'autres termes la mort occupe une place d'autant plus faible que le nombre de kilomètres qui le sépare du lecteur est élevé, et le lecteur se sent moins touché.

EXEMPLE

> Un événement tragique impliquant des blessés ou des morts en France, sera traité comme une information importante tandis que quand 15 personnes décédées au Pakistan ou en Inde, on n'en parlera peut-être pas.

Comment bâtir une relation avec un journaliste ?

Il ne suffit pas d'agir au coup par coup mais de construire une relation dans le temps. Autrement dit, il vous incombe d'instaurer une relation de confiance avec votre partenaire.

Au commencement, constituer un bon fichier presse

Constituer un fichier presse est l'une des étapes préliminaires indispensable dans la mise en place de vos futures relations presse. Bien entendu, il est impératif de connaître les supports auxquels vous vous adressez et savoir quel journaliste est susceptible d'être concerné par l'information que vous souhaitez délivrer. Deux choix s'offrent à vous : le faire vous-même ou faire appel à une société spécialisée.

Faire sa propre liste de presse

Pour bâtir votre liste de presse, vous pouvez simplement :

- Vous rendre dans un kiosque à journaux et consulter tous les quotidiens, hebdos et magazines. Vous pourrez alors regarder l'ours[1] Selon la politique du support, les informations sont plus ou moins complètes. On peut y trouver la ligne directe du journaliste ou son mail, et parfois peu d'informations. Auquel cas

1. L'ours désigne l'endroit où, dans une publication, sont répertoriés les noms et fonctions des collaborateurs (rédaction, services commerciaux et administratifs), la publication OJD, le nom de l'imprimeur.

téléphonez aux secrétaires de rédactions, et demandez-leur quel journaliste s'occupe de votre secteur. À force d'appels, vous réussirez à vous constituer un fichier de coordonnées adapté à vos besoins et, à jour.
- Écouter la radio, regarder la télévision et consulter les sites Web qui sont une bonne source d'information.

Une bonne liste de presse efficace est une liste qu'on tient à jour quotidiennement !

Pour une solution accessible à toutes les bourses, vous pouvez également vous appuyer sur l'annuaire *Le Médiasig* réalisé par La Documentation française (une marque de la Direction de l'information légale et administrative). Il regroupe plus de 8 000 contacts issus de la presse écrite et audiovisuels. Il dresse en outre un véritable panorama du monde des médias et de la communication en France. *Le Médiasig* existe en livre et en ligne.

Faire appel à une société spécialisée

Dans le registre des fournisseurs professionnels de fichiers presse, trois principaux acteurs se partagent le marché français : L'Argus des Fichiers Presse, Hors Antenne et Data Presse. Tous trois proposent des offres quasi-similaires :

- établir des banques de données avec les coordonnées de journalistes, secteur par secteur en fonction des médias visés ;
- accéder aux plannings rédactionnels à venir.

Savoir organiser un fichier presse

Il n'y a pas qu'une seule façon de bâtir une liste de presse, mais voici quelques informations générales qui vous aideront à bâtir la vôtre pour la rendre la plus pratique au quotidien.

Être qualitatif

Une fois les médias potentiels identifiés, établissez une liste avec les coordonnées complètes – mail et téléphone – des journalistes, rédacteurs ou pigiste à contacter.

Segmenter

Une bonne liste de presse est une liste qui peut se segmenter facilement. Il n'est pas toujours pertinent d'envoyer votre information à toute votre liste chaque fois que vous avez une nouvelle à annoncer. Mieux vaut cibler votre actualité en fonction des intérêts des journalistes. Classez les journalistes en groupes selon la typologie de médias (généralistes, spécialisés...) pour cibler votre diffusion. Attention, toutefois, certains journalistes sont « multicartes » et peuvent très bien être à la fois correspondant pour un quotidien national dans un autre média de type PQR par exemple.

Étoffer la liste des contacts

Un bon fichier presse comprend plusieurs noms de journalistes au sein du même média. Par exemple, pour un quotidien, vous pourriez avoir le nom du ou des chefs de rubrique, le nom du journaliste en charge des aspects économiques ou celui spécialisé dans votre secteur aéronautique, santé...

Mettre à jour régulièrement

Au gré de vos rencontres, conservez l'historique de vos relations avec le journaliste par un bref compte rendu avec la liste des sujets abordés. Vous pouvez également ajouter des informations sur ce qu'il aime ce qu'il n'aime pas (restaurant, activité extraprofessionnelle). Cela vous permettra d'affiner vos prochains rendez-vous.

Apporter une information de qualité à un « partenaire »

Faire des relations presse s'inscrit dans une relation « gagnant-gagnant » car, lui comme vous, avez une idée de l'impact de ce qui sera relayé dans le public. Personne n'est dupe, et le journaliste sait quelle importance peut avoir pour vous une information, et à ce titre le journaliste est votre relation avant d'être un inquisiteur. Contrairement aux idées reçues, les journalistes cherchent des partenaires, car la communication des entreprises et/ou institutions constitue une part de leur information.

Pour ce faire, vous pouvez utiliser les outils à votre disposition : communiqué de presse, dossier de presse et selon l'importance du sujet : le voyage de presse ou la conférence de presse. Vous pouvez également rencontrer un journaliste à l'occasion d'un déjeuner ou petit-déjeuner en one-to-one. Cette rencontre ne débouche pas forcément sur un article, c'est aussi un moyen de faire connaissance et d'entretenir une relation.

Ne pas submerger les rédactions d'e-mails et cibler vos relances

Une action presse qui s'inscrit dans une stratégie de relation de confiance est plus efficace qu'un coup diffusé en nombre car elle sera beaucoup mieux reçue, comprise et écoutée. Vous avez donc tout intérêt à vous constituer un réseau de contacts au niveau national, régional, local et à entretenir des rapports constants avec ce réseau. Ainsi, vous arriverez à bien connaître les médias et, en leur sein, les journalistes qui vous intéressent : quand viendra le moment de travailler avec eux, la prise de contact sera plus facile.

Faites le point

- Le secteur de la presse a subi de profondes mutations depuis les années 1980 avec principalement une hyper-concurrencialité due à :
  > l'émergence de l'Internet et des réseaux sociaux ;
  > l'arrivée des gratuits.
- Le journaliste, à la fois récepteur et diffuseur d'informations, est quotidiennement noyé dans la masse d'information et soumis à de nombreuses contraintes : il doit travailler vite, manque de temps, va à l'essentiel et fait des choix tout en gardant à l'esprit de satisfaire ses clients. Car ne perdons pas de vue que les médias sont une industrie. À ce titre les médias ont des clients, des fournisseurs, et ont comme toute organisation privée, une vocation à but lucratif.
- Au préalable de toute action presse, il vous incombe de constituer un bon fichier presse pour diffuser votre information aux journalistes susceptibles d'être intéressés par cette dernière. Pour avoir une chance d'être repris, il vous faudra fournir une information de qualité, qui fournit un angle envoyé de façon nominative à quelques journalistes cibles et sans submerger tout une rédaction. Lorsqu'il s'agit de les relancer, il est également important de prendre en compte ses contraintes et de l'appeler en dehors des périodes de bouclage.
- Enfin, si l'actualité venait à vous manquer, utilisez les marronniers, la tribune libre, les calendriers rédactionnels ou l'actualité du moment pour rebondir.

Se tester

		vrai	faux
1	■ La PQR et la PQN sont-ils deux acronymes qui désignent des quotidiens ?	☐	☐
2	■ Même quand je n'ai pas une actualité forte, il m'est possible d'attirer l'œil du journaliste et susciter son intérêt ?	☐	☐
3	■ Puis-je relancer un journaliste de la presse économique quotidienne à toute heure de la journée ?	☐	☐
4	■ Bâtir un fichier presse nécessite-t-il obligatoirement un recours à un service payant ou un abonnement ?	☐	☐
5	■ La principale contrainte d'un journaliste est-elle le temps ?	☐	☐
6	■ Inviter à un journaliste à un déjeuner ou petit-déjeuner est aussi un moyen efficace pour avoir un article ?	☐	☐
7	■ Les calendriers rédactionnels sont-ils inintéressants pour obtenir des articles ?	☐	☐
8	■ Une information émanant d'une institution connue a-t-elle plus de chance d'être repris par un journaliste ?	☐	☐

(Réponses page 70)

À VOUS DE JOUER

Valoriser la cosmétique marine

Une PME spécialisée dans la cosmétique marine, peu connue du grand public, souhaite organiser une campagne de relations presse en France afin de se faire connaître.

Que ferait un responsable de la communication de cette PME ?

Nos conseils :

Au préalable, il est important d'inscrire cette campagne dans la stratégie de communication globale de la PME. Il est aussi nécessaire de chercher à connaître les leaders d'opinion, les prescripteurs :

- Définissez les angles : accent sur la R&D, les bienfaits de la cosmétologie issue de la mer, les nouveautés produits…
- Constituez un bon fichier presse : PQR, presse féminine…
- Sélectionnez les outils les plus appropriés (voyage de presse, dossier de presse, communiqué de presse) en fonction des messages retenus. Dans ce cas, vous pourriez opter pour un voyage de presse si le procédé de fabrication ou l'usine mérite le détour. Sinon, le dossier de presse suffit.
- À plus long terme, repérez les prochains calendriers rédactionnels sur cette thématique et essayez de vous faire référencer dans les prochains marronniers (l'été : les crèmes amincissantes, l'hiver : les crèmes désaltérantes).
- Participez à des prix : le « produit de l'année » ou à des labels, pour donner de la visibilité à la marque.

réponses

1 ▪ Vrai

Ces acronymes correspondent tous deux à des quotidiens. La distinction est que l'une, la PQR (Presse quotidienne régionale) s'adresse à un public régional tandis que la seconde, la PQN, est nationale (Presse quotidienne nationale).

2 ▪ Vrai

Même quand vous n'avez pas d'actualité forte, soyez audacieux et osez prendre la parole sur l'actualité du moment, prendre place dans un marronnier, un calendrier rédactionnel ou encore une tribune.

3 ▪ Faux

La journée du journaliste de la presse économique quotidienne est rythmée selon les heures de bouclage et de conférence de rédaction.

4 ▪ Faux

Vous pouvez vous constituer une base presse vous-même. C'est un travail de longue haleine qui nécessite une mise à jour quotidienne.

5 ▪ Vrai

La principale contrainte d'un journaliste est le temps, soyez précis dans vos relances téléphoniques.

6 ▪ Vrai

Vous pouvez inviter un journaliste à un déjeuner ou petit-déjeuner pour obtenir un article. Toutefois, cette rencontre ne débouche pas forcément sur un article.

7 ▪ Faux

Les calendriers rédactionnels sont intéressants pour obtenir des articles.

8 ▪ Vrai

Logiquement, l'entreprise qui a acquis une certaine image et notoriété, aura plus de faciliter à retenir l'attention du journaliste. Mais pour autant, les journalistes sont toujours à l'affût de *success stories* à la française ou offrir un nouvel angle à une actualité par exemple.

4 Le communiqué de presse

Se poser les bonnes questions

À partir de la rentrée, un grand restaurant parisien proposera des ateliers de cuisine animés. Organisés selon différentes thématiques : légumes et fruits de saison, « les traditionnels », et nouvelle cuisine (moléculaire, décorative...), les ateliers s'adresseront aux cuisiniers de tous niveaux, des néophytes aux spécialistes. Le restaurant souhaite ainsi atteindre plusieurs objectifs : répondre à une demande croissante, développer son chiffre d'affaires, « rajeunir » l'image de l'établissement étoilé et attirer un nouveau public au restaurant. Quel angle utiliser pour communiquer cette information à la presse ? Avant même de se lancer dans la rédaction, il est important de bien définir le message essentiel que le grand restaurant souhaite donner à la presse : que dire et comment le dire. Pour la responsable de la communication, plusieurs questions se posent :

- Quand avoir recours au communiqué de presse ?
- Quelles sont les règles d'un bon communiqué de presse ?
- Faut-il donner des angles ?
- Quand et comment le diffuser ?
- Si j'obtiens peu d'articles, ai-je fourni pour autant un mauvais document ?

Quand avoir recours au communiqué de presse ?

Le CP, dans le jargon journalistique, est un document d'une à deux pages maximum qui livre des informations factuelles aux journalistes. Construit plus ou moins sur un format standard, il doit assurer une promotion neutre et objective de la vie de votre entreprise :

- le lancement d'un nouveau service ou un nouveau produit ;
- une inauguration ;
- une nomination ;
- une acquisition ;
- une levée de fonds ;
- un nouveau contrat...

En pratique

L'outil préféré des journalistes... très sollicités

En moyenne, les journalistes reçoivent 130 communiqués de presse par jour ! Selon le type de médias, le chiffre passe du simple au double. Les journalistes des médias radio ou télé en reçoivent en moyenne 250 par jour, tandis que leurs confrères de la presse écrite et numérique, n'en reçoivent en moyenne que 100 voire 50 selon le support et la spécialité du journaliste.

Le communiqué de presse est l'outil préféré des journalistes, pour des raisons évidentes de gain de temps. En quelques secondes, ils pourront déterminer si l'information reçue les intéresse ou non. L'objet et le titre de votre communiqué de presse doivent donc être soignés, ce sont les premiers éléments que vont lire le journaliste. Vous l'aurez compris, son efficacité est déterminante pour obtenir des articles dans la presse.

Les règles d'un bon communiqué de presse

Du fond à la forme, les étapes d'un communiqué de presse doivent s'inscrire dans les règles de l'art journalistique.

Apporter de la « matière »

Un journaliste ne publie que ce qu'il juge intéressant et n'est, en aucun cas, là pour vous faire de la publicité. Les journalistes sont submergés d'informations. Bon nombre d'entre eux ne lisent que le titre et le 1er chapô du communiqué de presse. C'est seulement s'ils trouvent un intérêt, qu'ils continueront la lecture car le temps est leur contrainte majeure. Il faut aller vite, donc comprendre vite si l'information a un intérêt ou non.

Un journaliste recherche un élément primordial : la nouveauté ; par exemple : « Le premier vol d'un avion solaire » ou « Dell présente son premier netbook 10,1 pouces dédié au secteur de l'éducation ». Un communiqué de presse ne se justifie que s'il relate une nouveauté ou rebondit sur l'actualité tout en donnant de la « matière ». Il ne sert à rien d'en rédiger sans cesse au risque de lasser le journaliste qui est déjà saturé de sollicitations diverses.

En pratique

Écrire un communiqué de presse et soigner sa présentation

Sur le fond, le communiqué de presse obéit à la règle des 5 « W » : *Who*? *When*? *Where*? *What*? et *Why*?

- *Who* : de qui s'agit-il ? Qui parle ? Le logo. Si votre organisme en possède un, placez-le à l'endroit habituel, c'est-à-dire en haut de la page, dans le coin gauche.
- *When* : produit ou le service sera disponible ? Quand aura lieu l'évènement ?

...

...

- *Where*: où sera-t-il disponible ?
- *What*: de quoi s'agit-il ?
- *Why*: quelle est l'histoire ?

Dans la forme, il doit répondre aux canons journalistiques : nouveauté, clarté, concision et doit obéir aux mêmes règles qu'un article de presse.

- **Le titre** : c'est la première chose que le journaliste va lire. Il doit donc attirer son attention, sans pour autant être dans la promotion ou le marketing. Il doit rester informatif.
- **La date** : datez votre communiqué du jour où vous prévoyez de l'envoyer. Les communiqués de presse datés de la semaine précédente risquent d'être considérés comme obsolètes.
- **L'introduction** : résumez de manière concise les éléments les plus pertinents : développez rapidement l'information principale en y ajoutant des informations essentielles (période/lieu de lancement, organisation d'évènement, personnalité associée).
- **Le corps du texte** : le deuxième paragraphe sera consacré au développement du fait et précisera les conséquences ou ce que l'on attend de l'événement décrit ; le troisième réintégrera le fait au sein de l'identité et de la politique globale de l'entreprise.
- **Le *boilerplate*** : ce terme anglais désigne un texte descriptif de votre entreprise et de sa mission. Le boilerplate débute toujours par « À propos de » et renvoi la plupart du temps vers le site Internet de l'entreprise.

Exemple de boilerplate

Créé en juin 2005, OpenIP est opérateur en convergence Internet & télécoms spécialisé dans les solutions de Convergence Voix/Data/Sécurité pour les professionnels. OpenIP distribue ses solutions à travers un réseau national d'intégrateurs certifiés et propose une gamme complète incluant la Téléphonie sur IP, les accès Internet Haut Débit ainsi que des solutions de sécurisation managées et vos coordonnées. N'oubliez jamais de mentionner où obtenir une information complémentaire, c'est-à-dire au minimum, votre nom et numéro de téléphone.

Un style informatif

Les phrases doivent être courtes et simples. Le style doit être direct et les temps utilisés seront le présent et le passé composé. Les informations devant être objectives, la rédaction doit être factuelle. Exemple : « Ce partenariat permet au groupe de renforcer sa présence sur le territoire américain qui représente 65 % à 70 % du marché mondial ». N'utilisez pas la 1re personne et évitez la forme passive.

Un seul message par communiqué

La clarté est également l'une des composantes de la réussite des relations avec les journalistes : n'annoncez qu'un seul fait par communiqué. Il s'agit de ne mettre en avant qu'un seul argument principal par communiqué. Par exemple : « le téléphone le plus compact du marché », « la société leader sur le marché de la parfumerie à Grasse »... Si vous essayez de « vendre » plusieurs arguments en même temps (« le téléphone le plus compact du marché disponible avec un écran tactile ») vous créez une confusion.

En pratique

Faites parler une personne connue ou un expert

La citation d'un porte-parole sera toujours la bienvenue pour donner de la chair à l'information. Vous pouvez également apporter le témoignage de l'un de vos clients ou partenaires :

- Donnez des chiffres ou basez-vous sur une étude pour donner une valeur ajoutée à votre contenu. Lors du lancement d'une nouvelle balise de détresse, il est pertinent de rappeler qu'avec quatre millions de plaisanciers dans l'Hexagone, le nautisme est une des activités préférées des Français et que tous les ans près de 4 000 vies sont sauvées... (préciser la source de votre information).
- Offrez une comparaison et vulgarisez au maximum. Les chiffres sont difficilement mémorables, il est donc important de les comparer à quelque chose de connu. Par exemple, il ne sert à rien de préciser que l'horloge atomique à bord du satellite Galileo offrira une stabilité de moins de 10 milliardièmes de secondes par jour sans proposer une comparaison : « les horloges embarquées dans le premier satellite GIOVE-A du programme Galileo sont 10 millions de fois plus précises qu'une montre à quartz ».

Un angle

Pour rédiger un article les journalistes ont besoin d'un angle, c'est-à-dire une idée maîtresse qui va être argumentée au fur et à mesure. Si vous la leur fournissez déjà dans le communiqué, vous aurez plus de chance d'être publié. Bien entendu, un journaliste de la presse économique et un journaliste de la presse grand public ne chercheront pas le même angle. C'est la raison pour laquelle, il est fortement conseillé d'utiliser un angle différent selon la cible de journalistes retenue pour une même information.

Une même information peut donner lieu à plusieurs communiqués

Si votre produit présente plusieurs avantages concurrentiels, choisissez-en un et développez autour de cet axe. Dans le cas où, votre produit peut s'adresser à la presse professionnelle, la presse économique ou la presse grand public, il est vivement recommandé de faire 3 versions distinctes. Les journalistes n'ont pas les mêmes publics et donc des attentes différent en terme de contenu.

EXEMPLE

Quand la société de gestion MCapital lance un nouveau fonds d'investissement de proximité (FIP) destiné à la défiscalisation de ses clients, il se présente à elle deux voies de communication pour faire la promotion de ce FIP : s'inscrire dans les dossiers défiscalisation des journaux patrimoniaux ou se faire référencer dans les classements des sociétés de gestion (industrie financière). Ces deux alternatives sont bien différentes, par leur approche d'une part, et par le public visé d'autre part.

- La piste « défiscalisation » : ce thème est un marronnier (terme expliqué dans la rubrique « En pratique 3 de ce chapitre), repris de manière récurrente à chaque printemps par les rédactions de journaux patrimoniaux, au moment des déclarations d'impôts sur le revenu ou de l'ISF. La première stratégie est alors de faire parler de MCapital dans ces grands dossiers du printemps. Les supports visés : *Le Particulier, Investir Magazine, Votre Argent*, et toutes les émissions de radio débattant de la défiscalisation. Un premier communiqué est alors publié : « MCapital innove dans la gestion collective en mariant fonds obligataires et défiscalisation ». Faire apparaître le mot défiscalisation, qui est un peu « galvaudé » dans la profession, permet, dans les rédactions grand public, de créer une alerte visant à être inscrit dans cette thématique.

- La piste « industrie financière » : l'approche est moins axée sur le grand public, elle vise à faire référencer MCapital, son ingénierie financière, dans les classements, articles dressant un tableau de tous les fonds lancés sur la période. C'est plus l'environnement professionnel qui est visé. Un second communiqué de presse est alors diffusé, sur des listes totalement différentes du premier : l'*Agefi, Gestion de Fortune, Private Equity Magazine*... « MCapital lance le premier FIP français investi en Obligations convertibles non cotées ». Ce titre, beaucoup plus « technique » que le premier, permettra de s'adresser à une presse spécialisée, qui doit être alertée par le mariage des mots FIP et Obligations convertibles au sein d'une même accroche.

La diffusion du communiqué de presse

Une fois votre document en main, vous devez assurer sa diffusion. Vous devez alors répondre à plusieurs questions : quand ? comment ? Et à qui ?

Quand ?

Un communiqué doit être envoyé, le même jour, à tous les journalistes ciblés de manière à ne privilégier personne. Dans le cadre d'une information particulièrement importante, vous pouvez la mettre sous embargo. Dans ce cas, les consignes liées à sa diffusion doivent être clairement précisées. Vous pouvez l'utiliser par exemple pour annoncer le lancement d'un produit à l'occasion de Noël. Il s'agit alors d'envoyer le communiqué à la presse au mois de septembre car les mensuels et trimestrielles bouclent à l'avance...

En journalisme, un embargo désigne la défense de diffuser une information avant une date ou une heure déterminée. Les entreprises, leurs agences de communication souhaitent parfois fournir des informations aux journalistes en amont de leur diffusion générale officielle. Il s'agit plus particulièrement des grandes entreprises qui ont acquis une certaine notoriété. À charge pour les journalistes concernés d'accepter de conserver l'information jusqu'à une date et une heure définies dans le cadre de l'embargo. L'objectif est de permettre aux mensuels et aux hebdos, dont le délai de bouclage est plus long, de relayer l'information au même moment que les quotidiens ou la presse électronique.

Cette technique permet également de transmettre votre information en exclusivité à un journaliste avec qui vous entretenez de bonnes relations. Toutefois, n'abusez pas de cette technique et utilisez là par parcimonie et à bon escient.

Une fois diffusé, le communiqué pourra être repris dans la journée par les médias types quotidiens, radio voir le journal. Pour les autres médias, il faut tenir compte de la périodicité du support auquel on s'adresse. Dans la presse écrite, tenez compte des périodes de bouclage des quotidiens, hebdomadaires et mensuels (voir chapitre 3, les périodes de bouclage). À la radio et la télévision, la cadence est différente : le délai d'envoi peut être très court.

Comment ?

Aujourd'hui, la majorité des attachés de presse et d'entreprises diffusent leur communiqué par e-mail. Avant même de lire le communiqué, le journaliste doit savoir de qui émane le communiqué de presse : avec l'identité de l'entreprise : « Communiqué de presse Société X », Diffusion : « pour diffusion immédiate » (sauf si vous faites un embargo jusqu'à une date à mentionner) avec un logo.

En pratique

Soignez l'envoi de votre communiqué de presse par e-mail

- Le titre doit être repris dans l'objet de votre e-mail

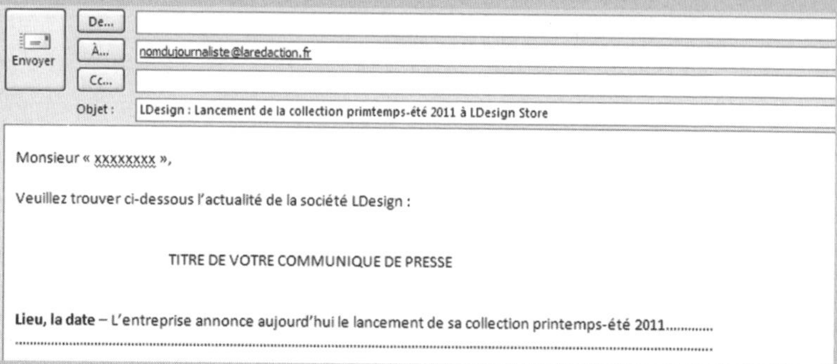

Envoyer
De...
À... nomdujournaliste@laredaction.fr
Cc...
Objet : LDesign : Lancement de la collection printemps-été 2011 à LDesign Store

Monsieur « xxxxxxxx »,

Veuillez trouver ci-dessous l'actualité de la société LDesign :

TITRE DE VOTRE COMMUNIQUE DE PRESSE

Lieu, la date – L'entreprise annonce aujourd'hui le lancement de sa collection printemps-été 2011............
....

- Copiez-collez le contenu de votre communiqué dans le corps du message en texte brut et non en pièce jointe, car bon nombre de rédactions considèrent les pièces jointes en spam.
- Renseignez correctement l'objet du mail : c'est la première chose que va lire le journaliste.
- Fournissez une photo ou une vidéo : cela augmente considérablement vos chances d'obtenir un article. Pour un lancement de produit, c'est inévitable. La photo permet d'agrémenter et d'accompagner l'article et c'est d'autant plus vendeur pour vous. L'un comme l'autre, vous êtes gagnant donc prévoyez un maximum de support pour que le journaliste puisse illustrer son article. Il est même important de mentionner lors de l'envoi de votre CP, qu'un ensemble de supports audio ou visuels sont à leur disposition soit sur simple demande ou soit en insérant un lien url dans votre corps du texte qui leur permettra de les télécharger directement.

Savoir décupler l'efficacité de votre communiqué

Votre communiqué de presse diffusé aux journalistes, appuyez-vous également sur l'écosystème du Web 2.0 : moteurs de recherches, associations, tweet... pour relayer votre information.

Augmenter la visibilité de votre CP grâce à Facebook et Twitter

Plus votre communiqué de presse sera repris sur Internet, plus votre site Internet remontera de façon naturelle dans les moteurs de recherche. Si votre information montre un intérêt pour une communauté, postez votre communiqué de presse sur des réseaux sociaux. Sur Facebook, soyez un peu plus attractif en reprenant les informations principales dans un post avec des phrases courtes et en évitant un discours institutionnel. Et sur Twitter, faites une phrase principale sur l'info importante et rajouter un lien vers le CP. Exemple : augmentation du 10 % du CA en 2010 + lien.

Envoyer à des organismes de type pôles de compétitivités

Bon nombre d'associations ou organismes de votre secteur d'activité sont à la recherche d'information, soit pour nourrir leurs propres newsletters, soit pour aider ses membres à communiquer auprès de journalistes. Par exemple, le comité Richelieu, l'association française des PME innovantes offrent la possibilité à ses membres de publier leurs communiqués de presse sur leur site. Chaque lundi matin un e-mail est envoyé à leurs contacts presse contenant l'ensemble des éléments publiés la semaine passée. Renseignez-vous !

Poster l'information sur l'intranet

N'oubliez pas d'informer les collaborateurs en interne. Il s'agira de reprendre l'information telle quelle mentionnant que le communiqué de presse vient d'être diffusé à la presse est suffisant, mais indispensable.

À qui ?

Dans tous les cas, le communiqué de presse doit être adressé à un ou plusieurs destinataires nominativement. Il est également conseillé de l'envoyer au rédacteur en chef, de manière à ce que, si l'un des deux est en vacances, votre information ne passe pas aux oubliettes. Pour identifier votre bon interlocuteur, récupérez les coordonnées des journalistes chargés de couvrir votre sujet dans l'ours (signature d'articles, appel à la rédaction pour avoir l'e-mail du journaliste...)[1].

Les relances téléphoniques

Selon la nature de l'information, relancer les journalistes et s'assurer qu'ils ont bien reçu le document est un aspect capital pour le bon déroulement d'une action de relations presse. Cependant, gardez à l'esprit qu'un journaliste est très sollicité. Il s'agit donc de s'assurer que l'information l'intéresse afin de pouvoir en mettre en avant les points clés. Avant de l'appeler, choisissez les arguments à mettre en valeur :

- soumettre un ou deux angles ;
- proposer une interview avec votre PDG ou toute autre personne désignée ;
- préciser que vous disposez de photos haute définition (300 dpi minimum, format JPEG) ou d'une vidéo.

Dans tous les cas, ce contact doit rester très rapide et professionnel.

Respectez les périodes de bouclage

La période de bouclage dépend du support, de sa périodicité et de son organisation. Un quotidien, par définition, boucle tous les jours mais son heure peut varier en fonction de sa publication (matin ou soir). Les hebdos bouclent un jour de semaine en fonction de leur date de sortie en kiosque. Par exemple, un hebdo qui sort le samedi peut boucler à J-2, soit le jeudi soir. Toutefois, tout ceci étant

1. Voir le chapitre « Le fichier de presse ».

très hétéroclite, contactez chaque média pour obtenir précisément l'information. Pour connaître les périodes de bouclage et choisir le meilleur créneau horaire pour appeler un journaliste, rapportez-vous au chapitre 3.

Écoutez le journaliste

Si le journaliste est intéressé, essayez de répondre au maximum à sa demande et soyez disponible. *A contrario*, si le journaliste ne semble pas intéressé, il pourra vous donner de précieux indices lors de votre échange. Il s'agit de mieux comprendre si votre information :

- ne le concerne pas. Vous pourrez alors lui demander le nom d'un de ses confrères au sein de la rédaction et la lui envoyer. C'est également l'occasion de mettre à jour votre base presse ;
- pourrait faire l'objet d'une publication dans un futur dossier. Vous pourrez alors lui demander s'il est en préparation, si la thématique a été définie, si vous pouvez le rappeler d'ici quelques jours ou semaines pour lui proposer une interview ;
- est intéressante mais l'actualité est chargée. Faute de place, votre information pourrait être diffusée plus tard.

C'est la raison pour laquelle, il est important de comprendre qu'un communiqué de presse qui n'a pas donné d'article n'est pas pour autant un mauvais communiqué et ne doit pas remettre en cause la qualité de votre relation avec un journaliste. Car selon l'actualité du moment, le journaliste n'a tout simplement pas de place pour relayer votre information. Les relances téléphoniques sont dès lors une étape importante pour analyser les raisons d'une non-publication.

Savoir gérer votre rétro-planning de campagnes RP

Le rétro-planning est un agenda couvrant l'ensemble des annonces à venir et dans lequel sont également insérés les calendriers rédactionnels (thème d'émission à venir, marronniers, période de bouclage...). Il sera consulté tout au long de l'année et pourra être ajusté en fonction des aléas (retard lancement de produit).

Construire le document

- Faciliter la lecture en partant du point essentiel : la date de lancement du produit ou de réalisation de l'événement. Puis revenez chronologiquement jusqu'au présent, les principales étapes seront ainsi clairement orchestrées.
- Rester dans le tempo : n'oubliez pas de vous octroyer une marge de manœuvre pour palier aux éventuels imprévus, ce planning doit rester cohérent et ne doit pas être impossible à respecter.

Créer une lecture simplifiée facilement reconnaissable

N'hésitez pas à différencier la nature de vos communiqués en utilisant des codes couleurs ou au besoin construisez un rétro-planning par type de communiqués : financier, corporate, commercial. Si vous optez pour un seul fichier, veillez à ce qu'il soit le plus clair possible afin de faciliter la lecture. Par exemple, vous pouvez créer trois onglets : Communication financière/Communication corporate/ Communication commerciale.

Communication commerciale

Ne pas oublier d'intégrer des services annexes. Allez à la pêche aux informations en interne : ingénieurs, direction générale, service commercial pourront être une source d'information pour vous tenir au fait d'éventuelles informations susceptibles d'intéresser les médias.

Une fois rédigé, n'oubliez pas que ce document est là pour vous faciliter la tâche et qu'il peut évoluer dans le temps. Ne négligez pas dans votre planning les délais incompressibles : les délais d'impression, de création des supports, les disponibilités de chaque partie.

Faites le point

Le communiqué de presse doit être clair et concis, et offrir au journaliste une information nouvelle. Un bon communiqué doit pouvoir être repris *in extenso* par le journaliste.

Sur le fond, votre communiqué doit :

- Apporter une richesse de contenu à un journaliste qui veut délivrer à ses lecteurs une actualité intéressante.
- Annoncer qu'une seule information (un communiqué = un message).
- Donner un angle, c'est-à-dire une idée maîtresse qui va être argumentée au fur et à mesure tout en gardant à l'esprit qu'une même information peut donner lieu à plusieurs communiqués.
- Présenter l'information aux journalistes en 10 secondes : ne négligez pas le titre.
- Les phrases doivent être courtes et simples.

Sur la forme, votre communiqué doit :

- Ne pas dépasser deux pages A4.
- Être aéré grâce à l'utilisation de titres et sous-titre. Le journaliste doit pouvoir suivre la hiérarchisation de votre information.
- Toujours finir par le boilerplate : quelques lignes descriptives de l'entreprise et votre contact presse avec vos coordonnées.

Votre communiqué rédigé, il doit être envoyé par e-mail au bon moment à l'ensemble des journalistes concernés par votre information. Veillez à respecter les périodes de bouclage pour l'envoi des CP et les relances téléphoniques.

Se tester

vrai faux

1 ■ Une société lance un nouveau médicament qui sera prescrit à 80 % par les médecins généralistes. Ce produit qui a nécessité des années de R & D, constitue une rupture technologique et représente un fort levier de croissance pour l'entreprise. Dois-je rédiger un seul et même communiqué pour l'ensemble des supports visés (presse médicale, quotidien économique, magazine, TV, Radio, PQR) ? ☐ ☐

2 ■ Est-il conseillé d'écrire un communiqué de presse dans un style direct et informatif ? ☐ ☐

3 ■ Augmenter ses chances d'avoir des articles peut-il se résumer à une opération de marketing direct : avoir un texte d'accroche, un objet du mail très vendeur et le diffuser à l'ensemble des rédactions ? ☐ ☐

4 ■ Est-il recommandé d'envoyer des photos en même temps que mon communiqué de presse ? ☐ ☐

5 ■ Est-il possible d'envoyer des photos en pièce jointe avec mon communiqué de presse ? ☐ ☐

6 ■ Mon communiqué de presse n'a pas été repris par l'ensemble des journalistes. Puis-je contacter ceux qui ne l'ont pas repris pour comprendre les raisons de sa non-publication ? ☐ ☐

(Réponses page 88)

À VOUS DE JOUER

Annoncer le lancement d'une solution WiFi

Responsable des relations presse pour un opérateur télécom, un commercial de l'entreprise vient de remporter un marché : un port basé en region PACA. Voici les informations dont vous disposez :

La solution déployée est un accès WiFi qui sera accessible pour tous les plaisanciers du port.

L'entreprise vend principalement ses solutions WiFi à des établissements hôteliers, qui constituent 95 % de son portefeuille clients.

Quelle est selon vous la meilleure approche ? Quel angle rédactionnel allez-vous privilégier ?

Nos conseils :

Avant même de commencer l'écriture posez-vous les bonnes questions : à combien s'élève le montant du contrat ? Vendre les solutions à un port s'inscrit-il dans une nouvelle stratégie commerciale ? Est-ce le premier port en France ou en région PACA à s'équiper de WiFi ? Quel est le nombre de plaisanciers qui pourront en bénéficier ? À quels besoins cela va-t-il répondre (nouveaux usages ?). Quel sera le modèle économique (gratuit, abonnement) ? À quelle date l'accès sera-t-il disponible ?

En fonction des éléments de réponses obtenus, vous pourrez alors définir le cœur de votre message : « le 1er port de France (ou en région PACA) à offrir l'Internet sans fil aux plaisanciers, choisit – *nom de la société* – pour ses solutions WiFi » ou « *Nom de la société* remporte un contrat d'un montant de XX euros pour équiper le port de St Laurent du Var en WiFi ».

Pensez à obtenir le témoignage du client et écrivez 2 versions : l'une pour la PQR qui recherchera des informations dites « de proximité », et l'autre pour la presse nationale qui sera plus attachée à des aspects économiques ou sociologiques.

réponses

1 ▪ Faux

Selon les supports, les journalistes n'ont pas les mêmes attentes. Il est donc conseillé de faire plusieurs communiqués de presse pour une même information.

2 ▪ Vrai

Les phrases doivent être courtes et simples. Le style doit être direct et les temps utilisés le présent et le passé composé. Les informations devant être objectives, la rédaction doit être factuelle.

3 ▪ Faux

Rien ne sert d'envoyer un communiqué de presse à 1 000 journalistes, si, potentiellement seule une cinquantaine couvre votre sujet. Privilégiez le qualitatif au quantitatif.

4 ▪ Vrai

Il est conseillé d'indiquer au journaliste que vous disposez de photos, disponibles sur simple demande ou en cliquant sur un lient url dans le corps du texte de votre communiqué.

5 ▪ Faux

Beaucoup de rédactions n'acceptent pas les PJ. Toutefois, vous devez leur signaler que des photos sont disponibles.

6 ▪ Vrai

Vous pouvez lui demander, mais en aucun cas réclamez. Les explications peuvent être diverses et variées : il se peut que la publication du dossier ou de l'article soit repoussée voire annulée, que le journaliste ait récolté les mêmes informations par ailleurs et n'ait pas de valeur ajoutée à reprendre votre information.

5 Le dossier de presse

Se poser les bonnes questions

Créée en 1982, l'Agence Nationale pour les Chèques-Vacances (ANCV) est un établissement public dont la mission est de favoriser l'accès aux vacances pour tous. Acteur majeur de la politique sociale du tourisme, l'ANCV émet et diffuse sous conditions sociales les chèques-vacances, dans les entreprises mais aussi les Caisses d'allocations familiales, les Centres communaux d'action sociale ou les Caisses de retraite qui les proposent. Ce titre nominatif est utilisable sur l'ensemble du territoire français auprès de 170 000 professionnels du tourisme. En juillet 2009, une loi est adoptée pour permettre aux salariés des petites entreprises d'accéder enfin aux chèques-vacances. Pour annoncer la mise en place de la réforme, l'ANCV réalise un document, le dossier de presse, premier signe concret de la mise en œuvre de cette loi, qui dans le même temps, reflète le démarrage opérationnel de l'annonce faite par Hervé Novelli, secrétaire d'État au commerce.

- Pourquoi l'ANCV a-t-elle réalisé un dossier de presse ?
- Existe-t-il différents types de dossier de presse ?
- Quelles sont les règles pour concevoir un dossier de presse ?
- Comment et à quel moment dois-je diffuser ce document ?

Pourquoi un dossier de presse ?

La première mission du dossier de presse est de présenter l'entreprise en profondeur. Le journaliste qui ne vous connaît pas a besoin de vous situer par rapport à votre marché. Aussi, le dossier de presse doit répondre à ces 3 questions :

- qui êtes-vous ?
- que faites-vous ?
- qu'apportez-vous de différent ?

Outil indispensable de la relation avec les journalistes, il permet de refléter au plus près l'institution ou l'organisation et de donner du sens au discours en classant les éléments qui la font et la composent. **Dans la pratique, le dossier de presse s'impose là où le communiqué seul ne suffit pas.** Il est indispensable lors d'une conférence de presse ou d'un voyage de presse.

EXEMPLE

> Le dossier de presse réalisé par l'ANCV est un bon exemple. La nouvelle mesure permet à 5,8 millions de salariés travaillant dans 1,2 million d'entreprises de bénéficier de cet avantage social. « Il s'agit d'une étape fondamentale pour l'ANCV puisque le marché est potentiellement multiplié par deux. Le dossier de presse nous offrait la possibilité de présenter à la fois les enjeux de cette nouvelle réforme ainsi que les sept nouveaux partenaires. Par ailleurs, la réalisation d'un tel document nous a permis d'aller en profondeur et de ré-introduire les missions et les valeurs de l'agence, qui, en plus d'émettre des titres de chèques-vacances, sont axées sur la réalisation de programmes d'actions sociales pour favoriser l'accès aux vacances pour tous. Un communiqué de presse n'aurait pas pu aller aussi loin en matière de contenu » explique Mme Joëlle Lefebvre Muzeau, chef du service presse et communication de l'ANCV.

Ce qu'il doit être

Le dossier de presse doit susciter l'envie aux journalistes de vous inclure dans leurs futurs articles ou reportages. Pour ce faire, un bon dossier de presse doit permettre au journaliste d'acquérir une connaissance exhaustive d'un sujet, et ce en peu de temps. Il doit être conçu comme un outil documentaire de référence en proposant :

- des angles anticipant toutes les questions du journaliste et apporter les réponses correspondantes ;
- une information complète, rigoureuse et crédible, organisée de façon structurée sous formes de fiches.

Ce sont les éléments de base qui permettront au journaliste de conserver votre dossier de presse.

Il doit être également à la fois attractif et pratique à manier. Sans pour autant ressembler à une plaquette publicitaire, la présentation du dossier de presse doit surtout permettre au journaliste d'accéder rapidement à l'information qui le concerne grâce à l'utilisation de fiches généralement disposées dans une chemise à rabat. Tout ou partie du dossier de presse sera alors archivé par le journaliste qui pourra l'utiliser pour son futur reportage ou dossier. Disponible en version papier et électronique, un dossier de presse est d'une longueur de 7 à 20 pages et doit être impérativement accompagné de photos ou d'illustrations.

Savoir respecter les critères de réalisation d'un dossier de presse

Offrir de la « matière » : la première évidence est de ne solliciter les journalistes que si vous avez de la matière à leur donner. Informatif, le dossier de presse est rédigé selon des règles précises sur un ton neutre avec des informations ordonnées.

...

...

Donner envie au journaliste de le lire avec une présentation soignée et organisée sous forme de fiches. Le but étant qu'il le conserve et qu'il l'utilise le moment venu.

Fournir tous les contacts susceptibles d'intéresser le journaliste. Par exemple, si votre dossier de presse est remis lors d'un voyage de presse, l'ensemble des intervenants devra paraître sur le dossier dans une page intitulée « les intervenants ».

L'adresser au bon journaliste sous format électronique et papier : qui pourra tout ou partie l'archiver.

Les différents types de dossier de presse

Comme le communiqué de presse, le dossier de presse se justifie lorsque l'information est nouvelle ou originale. Selon la nature de l'information, il existe 3 types de dossiers :

- le dossier de presse institutionnel ou corporate ;
- le dossier de presse produit ;
- le dossier de presse événement.

Le dossier de presse institutionnel ou corporate

Ce dossier de presse, contrairement aux dossiers de presse produit et événementiel, justifie son existence même lorsque l'entreprise n'a pas d'actualité. En effet, de par sa nature, le dossier de presse institutionnel constitue une cartographie de l'entreprise pouvant être décrite et racontée à n'importe quel moment de son existence. L'objectif du dossier de presse corporate est de présenter de manière différente certains aspects de l'entreprise qui donneront au journaliste des pistes ou des angles.

En pratique

Les informations obligatoires du dossier de presse

Les informations qui devront obligatoirement être présentes dans le dossier de presse corporate sont :

- l'histoire : la date de création, ses origines, son histoire ;
- son métier : ses principales activités (produits ou services), ses projets à venir, la place de la R & D au sein de la structure, ses marques ;
- sa stratégie de croissance : chiffres clés, résultats financiers ;
- sa vision du marché : positionnement, évolution ;
- son organisation : La gouvernance avec ses principaux dirigeants ;
- sa politique environnementale et sociétale, RH...

EXEMPLE

Un angle possible : le respect des traditions, le souci de la fabrication par un travail manuel.

Aquarelle. com, fleuriste depuis 20 ans, transmet sa passion des fleurs à travers un dossier de presse qui met en perspective son savoir-faire artisanal, le goût du travail bienfait et d'une fabrication minutieuse : « nos 110 artisans fleuristes composent les bouquets ; ils apportent un soin individuel et particulier à chacune de leurs compositions ».

En pratique

Le dossier de presse institutionnel n'est pas une plaquette institutionnelle

L'erreur classique des entreprises consiste à réaliser un document qui n'apportera aucune valeur ajoutée au journaliste. C'est pourquoi 9 fois sur 10, un dossier de presse se retrouve dans sa corbeille.

...

...

Réussir un dossier de presse corporate repose sur la capacité de l'entreprise à :

- apporter des éléments différenciateurs de l'entreprise pour inciter le journaliste à vous mentionner lorsqu'il rédige son sujet ;
- faciliter la prise de connaissance par le journaliste sur un sujet précis ;
- fournir des angles originaux ;
- raconter une histoire.

Le dossier de presse produit

Il sert à présenter un nouveau produit ou service dans le cadre d'un lancement ou l'élargissement d'une gamme. Un dossier de presse produit doit fournir un maximum d'informations au journaliste qui recherche avant tout la nouveauté :

- En quoi le produit ou service est-il nouveau et/ou original ?
- Si le produit concerne une innovation, a-t-il fait l'objet d'un dépôt de brevet ? Avez-vous bénéficié d'un financier particulier ?
- Quelle est sa valeur ajoutée pour l'utilisateur final ? Le prix, la disponibilité, lieu de vente ?
- Quelle est la genèse du produit ? Est-ce le fruit d'un partenariat entre un laboratoire ou une université ? Ou quel est son lien avec la culture de marque ? Restituez systématiquement le propos par rapport à l'environnement extérieur (social, économique, voire historique) pour raconter une histoire et inscrire l'entreprise dans le mouvement de son époque.

On peut citer par exemple, Parfum Trésor de Lancôme, Dentifrice Frescoryl, Machine Nespresso, Champagne Maillart...

Dans certains cas, l'envoi d'un échantillon ou du produit peut être utile. Dans les secteurs de l'agroalimentaire, de la beauté et parfois de l'high-tech (pour les produits peu coûteux), cette pratique est courante.

Le dossier de presse événement

Il existe, en réalité, deux types de dossier de presse événement : le premier est réalisé par une société qui participe ou s'associe à un événement plus ou moins connu, et le second est à l'initiative d'un organisateur d'événements, qu'il soit privé ou publique.

Le dossier de presse événementiel

Pour des entreprises ou des organismes publics, l'exercice du dossier de presse événementiel est de mettre en relief son engagement, ses valeurs et sa motivation à s'associer à un événement.

EXEMPLE

> L'ADEME s'associe à l'exposition universelle d'Aïchi, Lafarge partenaire du pavillon France pour l'exposition universelle de Shanghai.

D'autres sociétés vont même plus loin dans la démarche, en créant un événement, autour de l'événement principal auquel il s'associe.

EXEMPLE

> On peut citer l'exemple de Danone qui, à travers Danone Research, a réalisé un excellent dossier de presse pour expliquer son exposition sur les micro-organismes dans le cadre de la Ville européenne des Sciences.

En pratique, ces actions sont souvent réservées aux grandes entreprises qui, pour des raisons intrinsèques à leur taille, bénéficient de budget important en communication et ont les moyens de s'associer à ce type d'événements.

Le dossier de presse réalisé par l'organisateur d'événement

Le second dossier de presse événement est dédié à la promotion d'une manifestation. Il peut être réalisé par une collectivité ou une institution publique qui organise un événement (les accroches cœurs d'Angers, le Festival d'Avignon, le Festival international de la bande dessinée d'Angoulême, les Francofolies de La Rochelle ou la semaine du développement durable), à l'initiative d'organisateurs privés lors d'événements sportifs (le Semi-marathon international de Nice), d'expositions (Galerie) de salons grand public ou professionnels (le salon du cheval, le salon du livre, Equip'Hôtel).

Quelles informations y faire figurer ?

- les temps forts de la nouvelle édition avec un édito ;
- le programme détaillé de l'événement ;
- les biographies des artistes ;
- les informations pratiques : moyens d'accès, prix des places, de réservations ;
- la liste des partenaires et les remerciements.

En option, selon la nature de l'événement, voici quelques idées complémentaires pour agrémenter votre dossier

- un tour du monde (en images, en chiffres) pour mettre l'événement dans un contexte ;
- les invités d'honneurs avec des portraits ;
- les idées nouvelles ;
- les nouveautés, des anecdotes…

Savoir réaliser une fiche « panorama » ou « repères »

Cette fiche, qui dresse une cartographie ou une carte d'identité de l'entreprise, est indispensable dans un dossier de presse produit ou événement. Elle permet au journaliste d'avoir des informations sur l'entreprise et d'élargir ses connaissances.

- Réalisez un panorama : qui êtes-vous ?
  > Profil : historique, chiffres clés (bénéfices, marges), implantations géographiques, nombre de salariés, les dirigeants.
- Expliquez ce que vous faites :
  > Votre métier, savoir-faire.
  > Culture d'innovation : les efforts en R & D (x % du CA), les labels obtenus ou le nombre de brevets déposés, l'adhésion à des pôles de compétitivité.
  > Stratégie : politique environnementale (certification ISO 14001), politique RH (égalité homme/femme ou l'insertion des handicapés).
- Apporter une plus-value :
  > Perspectives de croissance (organique ou externe), sa vision du marché sur lequel il évolue à moyen terme.

Dans tous les cas, argumentez pour convaincre. Une bonne argumentation débute par une description de la problématique, puis livre de manière cohérente les faits ou preuves concrètes qui viennent confirmer les messages de l'entreprise. Une entreprise qui se positionne N° 1 mondial ou leader sur son marché doit le prouver ! En publiant son chiffre d'affaires, sa part de marché, par exemple....

La conception du dossier de presse

Pour rendre votre dossier le plus attrayant possible vous devez soigner sa mise en page. La structure du dossier doit être lisible au premier coup d'œil. Sans pour autant ressembler à une plaquette publicitaire, le dossier de presse doit être attractif et son utilisation claire et simple, pour répondre à son objectif premier : retenir l'attention du journaliste.

En pratique

Un dossier de presse n'est pas une brochure commerciale

Proposer une information complète, rigoureuse et crédible, organisée de façon structurée sous formes de fiches amovibles, sont les éléments de base qui permettront au journaliste de disposer d'un outil documentaire de référence.

Par contre, même si ce travail peut paraître long, tous les journalistes estiment que cet outil, plus familier aux grands groupes, doit être intégré dans les stratégies de relation presse des PME pour gagner en visibilité dans les médias. De plus, pour la majorité d'entre eux, ils estiment que leur contenu a peu évolué : il est trop souvent orienté commercial ou digne d'un roman d'une centaine de pages. Il faut donc que les entreprises et les agences consacrent plus de temps à son élaboration, pour le rendre accessible au journaliste, qui doit pouvoir l'exploiter ou le reprendre intégralement.

La mise en scène de l'information dans le dossier de presse

Un dossier de presse d'un styliste, d'une exposition, d'un festival de jazz ou d'un industriel ne se ressembleront pas. Certains sont luxueux, d'autres très originaux. Toutefois, les documents doivent être soigneusement ordonnés et paginés et classés dans une pochette ou une chemise à rabat dont la créativité constitue la griffe de l'entreprise. Si vous optez pour le modèle papier, évitez d'utiliser les systèmes de reliure ou d'agrafe, afin que le journaliste ne puisse conserver que l'information qu'il l'intéresse et faciliter ainsi son mode d'archivage.

La couverture

Sur la première page de votre dossier doivent figurer les informations essentielles :

- la mention « Dossier de Presse » ainsi que le titre ;
- le logo de l'entreprise émettrice ;
- le contact presse à contacter : le nom et numéro de téléphone de la personne chargée des relations avec la presse ;
- la date.

Une page de sommaire

Située juste après la couverture, elle permet au journaliste d'aller directement à l'information qui le concerne. Sur cette page (appelée ici une « fiche »), figure tous les thèmes et angles traités.

Sommaire

LA MISE EN PLACE DE LA REFORME DU CHEQUE-VACANCES DANS LES PETITES ENTREPRISES p.03

I. Les enjeux et les modalités de la réforme du Chèque-Vacances dans les petites entreprises **p.03**

II. L'importance des partenariats conclus par l'ANCV **p.04**

III. Le Chèque-Vacances : un avantage social pour les salariés des petites entreprises **p.05**

Chiffres clés **p.07**

• • •

. . .

Le communiqué de synthèse

Le communiqué de synthèse de la manifestation ou du lancement de produit. Éventuellement, si l'information est sous embargo, indiquez clairement le jour et l'heure de la diffusion.

Les différents sujets prendront donc la forme de fiches (entre 4 et 8 selon le sujet)

Ils sont définis en fonction des angles rédactionnels retenus et du type de presse visée. L'ordre des fiches répond à une logique de hiérarchisation de l'information. Chaque fiche est numérotée et en bas de chaque page est indiqué le titre du dossier, le nom et le téléphone du contact presse.

Pourquoi ? Tout simplement parce que le journaliste ne conservera que la page qui l'intéresse. Il lui faut donc toutes les informations utiles sur une seule et même page. Chaque fiche a également des titres de paragraphe bien visibles, au besoin elle est illustrée par une photo ou un schéma.

Pour donner vie à votre dossier, apportez des témoignages : qui, mieux que vos clients ou vos partenaires, peut parler de vous ? Dans tous les domaines, cette approche permet d'apporter une neutralité à l'information. Pour qu'elle soit crédible, soyez le plus factuel possible.

En annexe pourront figurer

- Un glossaire avec les définitions des mots compliqués ou des différents sigles utilisés si nécessaire.
- Une biographie du PDG ou certaines personnes citées ou qui sont intervenues.
- Des graphiques, s'ils aident à la compréhension du texte.
- La liste des partenaires de l'événement ou de l'opération.
- Des photos ou croquis. Ces derniers doivent être au format Jpeg (basse et haute définition soit 300 dpi minimum) et joints au dossier sous forme d'un CDROM ou sur une clé USB. Dans le cadre d'un lancement de produit, prévoyez des jeux de photos différents suivant les types de média.

En pratique

L'interactivité offerte par le Web 2.0

Dans le cadre d'une annonce d'un nouveau produit ou d'une solution, prévoyez une vidéo ou une animation flash, ou à défaut un schéma ou croquis en haute définition pour :

- Montrer le bénéfice utilisateur avec des témoignages lors d'essais ou de tests.
- Donner la parole à des experts ou des salariés qui ont contribué au projet.
- Apporter la preuve en image de la résistance du produit en milieu hostile.
- Faire voir la composition et/ou les différentes étapes d'assemblage du produit et la chaîne de production sur les différents sites du groupe.
- Vulgariser une information scientifique ou très technique.

...

En pratique

…

Cadre juridique pour la reproduction de photos

Si vous avez fait appel à un photographe, regardez sur votre contrat si les photos sont libres de droit ou non. En général, les droits de reproduction sont inclus dans la prestation, elles sont alors libres de droits. Si vous détenez une photo mais n'en connaissez pas l'origine, indiquez la mention « droits réservés ».

L'habillage du dossier, créer un niveau de lecture rapide

Le choix iconographique et les outils de l'information visuelle sont également des éléments à prendre en compte lors de l'élaboration de votre dossier presse. Ce dernier doit respecter la charte graphique de votre entreprise. Le journaliste qui ira sur le site Internet de l'événement ou de l'entreprise pourra plus facilement identifier l'émetteur et se repérer visuellement dans les différentes réalisations graphiques. Cette démarche permet d'unifier l'identité visuelle avec les autres supports du groupe.

En pratique

Susciter l'intérêt du journaliste par des formulations originales

Utilisez des intertextes ainsi que des sous-titres. Vous pouvez utiliser des titres sous forme de questions pour attirer l'œil : Quelle est la différence entre une balise de détresse et une boîte noire ? Ou quelle est la différence entre une balise de détresse et une balise argos ?

Sans pour autant lui montrer ce que font ses confrères.

Cela peut paraître surprenant pour certains, évident pour d'autres, mais ne jamais joindre d'articles déjà parus dans la presse dans votre dossier de presse. Cela pourrait provoquer l'effet inverse chez un journaliste.

La diffusion du dossier de presse

Le dossier de presse peut être remis en main propre, déposé dans une salle de presse sur un salon professionnel ou envoyé au journaliste (par e-mail ou coursier).

Le dossier de presse remis en main propre

Si la presse est invitée à une conférence de presse ou un voyage de presse, **le dossier est remis aux journalistes à leur arrivée**. À l'occasion d'une conférence de presse ou d'un voyage de presse, ce document est obligatoire pour servir de support au journaliste. L'ensemble des informations présentées devront être obligatoirement présentes dans ce dossier, y compris le nom des intervenants avec leurs fonctions ainsi que leurs coordonnées.

Le dossier de presse déposé dans une salle de presse

Si le dossier est déposé dans une salle de presse, n'investissez pas dans des supports rigides et difficilement manipulables. Privilégiez un format pochette avec CD-ROM et/ou une clé USB.

Le dossier de presse envoyé au journaliste

Pour les journalistes qui n'ont pas pu se déplacer à une conférence de presse ou à un voyage de presse, adressez-leur un exemplaire au journal aussitôt après l'événement. Leur absence ne signifie pas toujours un manque d'intérêt.

Dans le cadre d'un envoi par e-mail, évitez à tout prix l'e-mailing de masse. Ciblez vos envois qui seront nominatifs tout en veillant à ne pas saturer la boîte mail du journaliste avec un e-mail supérieur à plusieurs mégaoctets ! Si c'est le cas, envoyez le dossier par la poste sous CD-ROM ou clé USB. L'ensemble des annexes sera envoyé, à part, en pièce jointe. Il est très important de bien nommer vos photos pour faciliter la tâche du journaliste. Il n'y a rien de plus énervant que d'ouvrir 10 photos avant de trouver la bonne. De plus, ne négligez pas les légendes des photos qui devront être mises sur une seule et même page Word. Chaque légende doit apporter une signification particulière, idéalement sur deux lignes maximum. Veillez à ce qu'elle puisse être copiée/collée facilement par le journaliste.

Pour le dossier de presse produit, prévoyez une diffusion plusieurs semaines avant la sortie du produit pour respecter les périodes de bouclage (voir chapitre 3).

En pratique

Veiller à la disponibilité d'une copie numérique et à son interactivité

Quel que soit son mode de diffusion, prévoyez une version électronique (PDF, Images, Annexes) de votre dossier de presse et :

- Envoyez-le avant toute campagne publicitaire consacrée au même sujet.
- Diffusez-le en même temps à l'ensemble des journalistes de façon à ne pas favoriser un média.
- Mettez-le en ligne sur votre site Web, si possible dans l'espace dédié à la presse. Pour le rendre plus attractif, utilisez le format numérique virtuel sous forme de feuilletage : vidéo, animation flash, image HD...

Faites le point

- Les premières missions du dossier de presse sont de présenter l'entreprise et d'aller en profondeur sur un sujet donné. Il doit offrir au journaliste une information étoffée et une base documentaire de référence qui pourra être classée et conservée sous forme d'archive.
- Un dossier de presse vous permet d'annoncer votre participation, le lancement d'un nouveau produit, l'inauguration d'un nouveau site (industriel, commerciaux).
- Le dossier de presse ne doit pas être volumineux (jusqu'à 15 pages) et doit traiter un seul thème.
- Un sommaire respectant la hiérarchie des « angles » proposés (à raison d'une fiche par angle) doit être inclus. Le dossier de presse présenté sous forme de fiches est apprécié des journalistes : dès la lecture du sommaire, ils peuvent aller chercher l'information qui les concerne dans la fiche. Ces fiches amovibles constituant le dossier sont regroupées par angle à l'intérieur de la pochette à rabat.
- Sans pour autant ressembler à une plaquette publicitaire, votre dossier doit être attractif. Produire un document vivant, documenté et riches en illustrations et photos est également un point essentiel.
- Disponible en version papier et électronique, le dossier de presse doit obligatoirement être remis lors d'une conférence de presse ou un voyage de presse.

Se tester

	vrai	faux
1 ▪ Faut-il joindre des articles déjà parus dans la presse à mon dossier de presse ?		
2 ▪ La date d'envoi de mon dossier de presse événementiel doit-elle être planifiée *a minima* un mois avant la date de l'événement ?		
3 ▪ Dois-je reprendre la charte graphique de mon association ou de mon entreprise pour le dossier de presse ?		
4 ▪ Lors d'un voyage ou d'une conférence de presse, le communiqué de presse suffit-il ?		
5 ▪ Mieux vaut-il remettre le dossier de presse à la fin d'une conférence de presse pour gagner l'attention des journalistes ?		
6 ▪ Le dossier de presse doit-il susciter l'envie aux journalistes de vous inclure dans ses futurs articles ou reportages ?		
7 ▪ Le dossier de presse doit-il obligatoirement contenir une page de sommaire ?		
8 ▪ Est-il possible de joindre n'importe quelles photos ?		

(Réponses page 108)

À VOUS DE JOUER

Réaliser un dossier de presse pour l'inauguration d'une nouvelle implantation

Dans le cadre de l'inauguration d'un nouveau site, votre PDG vous informe que vous devez préparer le dossier de presse qui sera remis le jour J aux médias. La presse a été conviée à cet événement, au même titre que les institutionnels, élus locaux et collaborateurs du groupe. Vous comprenez qu'il s'agit d'un événement qui s'adresse à l'ensemble des parties prenantes de l'entreprise, et qu'aucune action particulière ne sera menée pour recevoir la presse.

Quelle est selon vous la meilleure façon de recevoir les journalistes conviés ? Quelles sont les informations qui devront obligatoirement figurer dans le dossier de presse ?

Nos conseils :

- Personnalisez un maximum l'accueil des journalistes : dès leur arrivée, remettez-leur le dossier de presse. Placez-les au 1er rang et prévoyez un espace dédié aux journalistes (petite salle) pour qu'ils puissent travailler en retrait et envoyer « leurs papiers » à la rédaction par Internet.
- Le dossier de presse doit obligatoirement contenir : une fiche corporate, un édito du PDG, une fiche expliquant les raisons de cette nouvelle implantation, une fiche descriptive du site, l'investissement réalisé, l'impact sur le tissu économique local.
- Faites le lien avec le présent et/ou créez du sens : « Dans le cadre de notre politique de développement durable, ce bâtiment répond aux dernières normes environnementales : panneaux solaires… »

réponses

1 ▪ Faux

Il est vivement déconseillé de joindre à votre dossier de presse des articles déjà parus dans les médias. Les insérer dans votre dossier pourrait provoquer l'effet inverse chez un journaliste... pour finir à la poubelle.

2 ▪ Vrai

L'envoi du dossier de presse événementiel doit se faire au moins un mois avant la date de l'événement pour respecter les délais de bouclage des mensuels par exemple. De préférence, optez pour un envoi par e-mail, plus économique et plus respectueux de l'environnement qu'un envoi papier.

3 ▪ Vrai

Votre dossier de presse doit respecter la charte graphique de votre entreprise. Cette charte permet d'unifier l'identité visuelle avec principalement les codes couleur et les polices de caractères à utiliser.

4 ▪ Faux

Lors d'un voyage ou conférence de presse, le dossier de presse est complémentaire et obligatoire. Il permet au journaliste d'approfondir le sujet et de choisir un angle parmi ceux proposés Un communiqué de presse ne suffit pas.

5 ▪ Faux

Il est préférable de remettre le dossier de presse au journaliste dès son arrivée en conférence de presse. Cela lui permet de s'imprégner du contenu et accessoirement de pouvoir prendre des notes sur votre support.

6 ▪ Vrai

Le dossier de presse doit susciter l'envie aux journalistes de vous inclure dans ses futurs articles ou reportages.

7 ▪ Vrai

Le dossier de presse doit obligatoirement contenir une page de sommaire.

8 ▪ Faux

Les photos incluses dans le dossier de presse doivent être libres de droits.

6 Le voyage de presse

Se poser les bonnes questions

Passion Céréales, association loi 1901, lancée en juin 2006, a été créée à l'initiative de l'interprofession céréalière qui rassemble les producteurs de céréales, coopératives, négociants, meuniers, malteurs, amidonniers, semouliers, exportateurs, ainsi que les acteurs de la nutrition animale. Administrée et pilotée par les producteurs et les acteurs de la filière céréalière, Passion Céréales a pour mission de faire connaître au grand public les bienfaits des céréales et les produits qui en sont issus. Pour ce faire, l'une de ses initiatives est de vulgariser les avancées du projet de recherche HealthGrain. Lancé en 2005, ce projet regroupe aujourd'hui 60 partenaires de 15 pays européens et a pour principal objectif de mieux faire connaître les intérêts nutritionnels des céréales auprès du grand public. Pour mettre en avant les premiers résultats du projet HealthGrain, Passion Céréales organise un voyage de presse en juin 2009 à Montpellier, dans les laboratoires de l'UMR-IATE de l'Inra. Lors de ce voyage de presse, les 8 journalistes (presse spécialisée et presse grand public) présents ont pu découvrir de nouveaux procédés de transformation qui permettent de préserver, voire d'augmenter, la qualité nutritionnelle des produits céréaliers et contribuer ainsi à une alimentation encore plus saine.

- Pourquoi l'association a-t-elle fait le choix d'un voyage de presse ?
- À quelle occasion organiser un voyage de presse ?
- Comment rédiger une invitation ?
- Combien de temps faut-il pour préparer un voyage de presse ?
- Quel contenu faut-il développer ?

Pourquoi un voyage de presse ?

Qu'il s'agisse d'un voyage en Chine, au Mali ou en Bretagne, demandez-vous pourquoi les journalistes se déplaceraient-ils ? Le voyage de presse est un outil intéressant, dès lors que le contenu proposé peut légitimer un tel déplacement. Là encore, ce que vous aurez à présenter devra être suffisamment important pour qu'un journaliste vous consacre une voire plusieurs journées de son emploi du temps. Le choix de la destination et le programme pourront le convaincre mais l'aspect professionnel du voyage de presse devra toutefois prédominer.

« Lorsque nous avons cherché à faire connaître à la presse les avancées du projet de recherche Healthgrain, nous avions à cœur de permettre aux journalistes de visualiser concrètement les outils avec lesquels les scientifiques travaillent, les matières premières qu'ils étudient et les composés bénéfiques à la santé humaine qu'ils cherchent à isoler. Nous voulions également favoriser le dialogue entre les journalistes et une équipe de recherche passionnante dans sa capacité à vulgariser des concepts techniques parfois complexes. Toutes les conditions étaient réunies pour organiser un voyage de presse. » explique Mme Ruch, responsable de la communication de Passion Céréales.

EXEMPLE

Le Comité départemental du tourisme de la Vendée convie des journalistes de la presse professionnelle du tourisme, de l'événementiel ainsi que la presse économique afin de leur faire découvrir un programme représentatif de l'offre touristique vendéenne en matière de tourisme d'affaires. Objectif : développer le tourisme d'affaires.

La station balnéaire Mazagan Beach Resort d'El Jadida, à une centaine de kilomètres au sud-ouest de Casablanca ouvre ses portes en octobre 2009. Le complexe touristique qui prévoit d'attirer près de 4 millions de visiteurs par an dispose d'un hôtel 5 étoiles, de soixante-sept villas résidentielles, de huit restaurants, d'un night-club, d'un centre de conférences, d'un golf de dix-huit trous et d'une licence de casino. Deux mois après son ouverture, le 13 janvier 2010, une délégation de journalistes du Québec y posait ses valises à l'invitation du bureau montréalais de l'Office national marocain du tourisme.

À quelle occasion organiser un voyage de presse ?

Il est vrai que, même si, les voyages de presse riment souvent avec « promotion touristique », cet exercice n'est pas exclusivement réservé aux offices du tourisme ou aux hôtels. Dans la même lignée, il ne doit pas être la chasse gardée des grandes entreprises. Bien au contraire, un voyage de presse peut être organisé par une association, une institution publique (laboratoire de recherche, région) ou privée (école) ou une PME. Un voyage de presse est légitime du moment qu'il permet de montrer :

- un produit ;
- un savoir-faire ;
- un procédé de fabrication ;

qui de par sa nature exceptionnelle va intéresser un grand nombre de journalistes. Ou à défaut, se rattache à une actualité.

EXEMPLE

> Dans le cadre de l'année de la biodiversité, le CNRS a proposé de découvrir deux sites proches de Montpellier où les chercheurs travaillent sur la réponse des écosystèmes aux changements climatiques et environnementaux.
>
> Dans le cadre d'un programme de sensibilisation aux efforts et progrès réalisés dans l'industrie aérospatiale en matière d'environnement et de développement durable, GIFAS (le Groupement des industries françaises aéronautiques et spatiales), a organisé un voyage de presse chez Eurocopter sur le thème de la place de l'hélicoptère dans un environnement éco-responsable. Ce voyage a réuni une vingtaine de journalistes des secteurs de l'environnement et de l'aéronautique.

La préparation du voyage de presse

Un bon voyage de presse se prépare longtemps à l'avance et doit être organisé de façon irréprochable. Les journalistes doivent être « satisfaits » de leur journée et ne pas avoir le sentiment d'avoir perdu leur temps, ou pire, qu'une simple vidéo aurait pu largement suffire.

En pratique

Quelques règles pour un voyage de presse réussi

- La date : organiser un tel voyage est un exercice complexe. Pour le rentabiliser, assurez-vous que les journalistes sont suffisamment intéressés par la thématique et le contenu du voyage. Il vous incombe également de trouver une date qui convienne à tous.
- La logistique : prévoir les billets de train ou d'avion, les réservations d'hôtel si le voyage dure plus d'une journée, les déplacements entre la gare et les différents sites visités.

...

...

- La communication : s'assurer de la connexion Internet Wifi (ou 3G+), pour que les journalistes puissent envoyer leurs articles.
- Le coût : pour ne pas avoir de surprise, faites un budget prévisionnel de votre événement. Il n'existe pas réellement de règle en la matière : tout dépend de la destination, du programme et du nombre de journalistes. Cela étant dit, cet exercice ne doit pas être réservé aux grandes entreprises mais au contraire utilisé par les PME. Exemple d'un voyage de presse en province en A/R journée – 10 journalistes confirmés : billet air France : 3 000 € ; navette : 300 € ; restaurant : 500 € ; réalisation dossier de presse – clé USB : 100 € ; cadeaux journalistes : 250 € ; coût global : 4 150 €.

Il est nécessaire de s'y prendre suffisamment de temps à l'avance et de vérifier si aucun autre événement ou manifestation ne viendrait se chevaucher. Cela pourrait directement impacter votre voyage de presse en essuyant des réponses négatives de journalistes contraints de couvrir l'autre événement. Par exemple, un constructeur automobile évitera d'organiser un voyage de presse lors du salon automobile, la grande messe de la profession.

Il faudra penser à :

- éviter les lundis et les vendredis, jours généralement chargés pour la presse et peu propices pour l'organisation d'un événement ;
- négocier des tarifs groupe à l'avance avec les prestataires de service (compagnie aérienne, hôtel, restaurateur...) ;
- réserver à l'avance les billets ;
- s'assurer qu'à l'hôtel, en général assez haut de gamme sans tomber dans le luxe absolu, qu'aucune autre manifestation n'est organisée : concert, défilé de mode, anniversaire, noce...

L'invitation au voyage de presse

Une invitation doit préciser l'objectif de la journée ou du déplacement (si il y a plusieurs jours), et proposer un programme détaillé des interventions et des intervenants (avec leurs fonctions et leurs noms). Elle doit être envoyée de façon nominative et indiquer la date butoir. Vous pouvez également y faire figurer un coupon-réponse à retourner.

Savoir inviter les journalistes à un voyage de presse

Planifier ses actions à l'avance :

- **2 à 3 mois avant le voyage** : envoyer un *save the date,* un courriel avec la date de voyage de presse. Typiquement, cet e-mail énonce la date à laquelle vous organisez votre événement de sorte que les destinataires maintiennent cette date libre. Bien entendu, doivent également y figurer également un agenda, même sommaire, et quelques informations sur les sujets abordés de nature à intéresser un plus grand nombre.
- **1 mois et demi à 2 mois avant le voyage** : diffusez votre invitation nominativement à la liste des journalistes conviés (tout en prenant le soin de ne pas la renvoyer à ceux qui vous auront déjà répondu dans le cadre d'un envoi d'un *save the date*). Le contenu plus étoffé et les noms des intervenants finalisés, le programme devra être détaillé au maximum. Sur cette même invitation, devra figurer un coupon-réponse à retourner en précisant la date limite.
- **Le mois avant le voyage** : effectuez vos relances téléphoniques en personnalisant un maximum les appels en fonction du média contacté. N'invitez que les journalistes susceptibles d'être inté-

...

...

ressés. N'oubliez pas qu'un journaliste de la PQR n'aura pas les mêmes attentes qu'un journaliste de la presse spécialisée. Soyez force de propositions en leur expliquant les angles possibles et l'intérêt pour leur lecteur.

- **Une semaine avant le départ** : envoyez aux journalistes la confirmation de leur voyage avec les horaires précis de leur billet (avion ou train) et le lieu du rendez-vous. Si le voyage dure plus d'une journée, envoyez-leur également le nom de leur hôtel et les informations nécessaires pour pouvoir se connecter à Internet, et les informations médicales si nécessaires (paludisme...).

Le contenu du voyage de presse

Un voyage de presse doit permettre de rencontrer les principaux acteurs de l'entreprise ou de l'institution. À ce titre, il est donc important que le PDG ou le DG fasse le déplacement. De plus, il est intéressant de nourrir le voyage avec des rencontres : institutionnels ou experts liés au sujet.

EXEMPLE

Kannad, une PME bretonne, spécialisée dans la conception de solutions de balisage organise un voyage de presse sur le thème de la sécurité en mer. Pour présenter ses technologies : bouées de pêches (solutions de tracking) et systèmes de balisage du futur en mer (surveillance à distance du fonctionnement des bouées et repérage sur les radars des navires), la société a fait le choix de faire intervenir des experts et des institutionnels pour apporter de la profondeur et avoir un retour d'expérience : le CETMEF (le Centre d'études techniques maritimes et flu*via*les, attaché au ministère de l'écologie, de l'énergie, du développement durable et de la mer) et Alain Gautier célèbre navigateur (gagnant du Vendée Globe 1992-1993).

Vous pouvez également relier votre voyage de presse à une actualité ou à un événement fort de la région.

EXEMPLE

L'attaché de presse du CRT Normandie en Grande-Bretagne organise régulièrement des voyages de presse dans la région. L'un des voyages intitulé *Living the high life* s'adressait aux journalistes et médias britanniques. Sa première originalité a été de lui donner une touche romanesque en prenant pour thématique La Belle Époque. Au-delà des différentes visites de site (Cabourg, Dieppe, Deauville/Trouville) très appréciés des journalistes, le CRT avait prévu une visite en calèche à Bagnoles de l'Orne et une seconde en voitures de collection à Dieppe. Enfin, le point d'orgue de ce voyage fut le Festival du cinéma américain de Deauville. « Tous les journalistes ont exprimé leur souhait de revenir à Deauville et à Trouville qu'ils ont trouvé charmants » explique Lesley Williamson, Responsable Marketing UK au CRT.

Le jour J

Faites-vous une check-list des journalistes présents de manière à avoir la liste à portée de main et vous assurer de leur présence. Si le rendez-vous se situe à l'aéroport ou à la gare, veillez à :

- Indiquer précisément le lieu du RV : point RV – Hall.
- Indiquer votre numéro de portable.
- Et dans la mesure du possible avoir les numéros de portable des journalistes.

À l'arrivée des journalistes

Remettez-leur le dossier de presse pour leur permettre de s'imprégner du contenu. L'ensemble des informations évoquées ou données pendant cette journée sont reprises dans le dossier de presse. (voir chapitre dossier de presse).

Pendant la journée

Le voyage de presse doit respecter un emploi du temps imparable : veillez à ne pas déborder ou faire des journées à rallonge. Privilégiez des groupes de 4 ou 5 personnes et laissez toujours un peu de temps après les présentations ou les démonstrations pour que les journalistes puissent poser leurs questions. Il est bon que le PDG ou le DG qui est intervenu le matin puisse rester toute la journée de sorte à pouvoir répondre aux questions du journaliste. Il ne s'agit pas de venir faire une « présentation » et de repartir dans son bureau.

À l'heure du déjeuner, regroupez les journalistes par affinités : presse spécialisée, presse économique, scientifique... et veillez à ce que le nombre de journalistes soit toujours supérieur aux nombres de personnes de la société organisatrice. Le journaliste ne doit pas se sentir oppressé par un nombre de personnes présentes qui pourraient remettre en doute la qualité et le contenu du voyage de presse.

Si dans votre programme, il reste du temps libre, privilégiez les heures clés pour prendre de bonnes photos, en fin d'après-midi par exemple.

En pratique

Les erreurs les plus courantes à ne pas commettre

Organiser un voyage de presse peut être coûteux, il est donc important de bien s'y prendre à l'avance et de prévoir :

Du temps : on va beaucoup moins vite en groupe, soyez réaliste et comptez une marge de sécurité.

...

...

Une thématique précise et des messages clés : vouloir tout montrer dans un laps de temps réduit est une erreur.

La prise en charge des séjours : il est d'usage de payer les frais de déplacements des journalistes. Certains peuvent toutefois venir par leurs propres moyens (voiture par exemple).

Offrir des cadeaux si le contexte s'y prête : dans certains domaines comme la beauté ou le multimédia, il est pertinent d'offrir un cadeau en lien avec le secteur, mais il ne doit pas toutefois être d'une trop grande valeur marchande. On peut également offrir des cadeaux promotionnels à l'effigie de l'entreprise avec le logo (calculatrice, clé USB chauffe-café, crayon) ou un beau-livre avec photos sur la région visitée ou un panier gourmand par exemple : cela sera apprécié. Toutefois certaines rédactions refusent systématiquement les cadeaux, ne vous en offusquez pas !

Après le voyage de presse

Tout comme un communiqué de presse, un voyage de presse qui n'aboutit pas sur un article ne doit pas remettre en cause la qualité de votre relation avec un journaliste. Car selon l'actualité du moment, le journaliste n'a tout simplement pas de place pour relayer votre information. C'est plus rare, mais le cas peut se présenter. Ne relancez donc pas le journaliste pour lui demander quand un article va paraître mais plutôt :

- ce qu'il a pensé du voyage en termes de contenu, de la qualité des informations et des interventions ;
- et également d'un point de vue logistique (hébergement et transport).

Profitez-en pour lui apporter éventuellement un complément d'informations ou faire le lien avec une actualité si le cas se présente.

Vous pouvez également réaliser un questionnaire de satisfaction pour recueillir « à chaud » les avis, remarques et suggestions des journalistes sur le voyage du voyage de presse.

En pratique

Mener une étude de satisfaction

Exemple de questionnaire de satisfaction :

Sur une échelle de 1 à 5, indiquez votre niveau d'appréciation.

- Programme, rythme des journées, activités proposées, sites visités, hébergement, accueil.

Questions ouvertes : qu'avez-vous le plus apprécié ? le moins ? Quelles seraient vos recommandations pour améliorer ce voyage ?

Ensuite, pour recueillir les informations, vous pouvez opter pour une version « print » ou « numérique » :

- **La version papier** : elle est remise en main propre à la fin de l'événement. Si elle est donnée au journaliste juste avant son départ, vous êtes quasi-certain de la récupérer dûment complétée et de récolter plus d'informations. C'est aussi un bon moyen d'échanger avec le journaliste et d'obtenir des retours que vous pourrez rajouter au questionnaire.
- **La version électronique** : elle est envoyée nominativement au journaliste quelques jours après l'événement. Ne tardez pas à l'envoyer (seulement quelques jours après le voyage) en utilisant un outil simple pour le remplir, idéalement avec un formulaire en ligne. Si le journaliste doit l'imprimer, le scanner puis vous le retourner, autant vous dire que vous n'obtiendrez pas de réponse.

Dans tous les cas, que vous le fassiez de façon formelle, avec un questionnaire, ou de façon moins formelle en discutant avec les journalistes, cela vous permettra de vous aider pour l'organisation d'un prochain événement et dans l'écriture de votre compte rendu.

Il s'agit par exemple d'indiquer des citations dans votre compte rendu.

EXEMPLE

Dans le cadre du voyage de presse organisé par la société Kannad, certains journalistes ont fait part de leur satisfaction :

- « Excellente journée, de nombreuses informations intéressantes », Laurent Péricone, *La Tribune*.
- « Belle journée, bien organisée, bien rythmée et très intéressante », Valérie Le Boudec, *Réussir en Essonne*.
- « De nombreux sujets appropriés et utiles », Jacques Le Corre, *Le Nouvel Ouest*.

Faites le point

- Le voyage de presse est un choix intéressant, dès lors que le contenu qui est proposé légitime un tel déplacement. Ce que vous aurez à présenter aux journalistes devra être suffisamment important pour qu'ils vous consacrent une voire plusieurs journées de leur emploi du temps
- L'objectif du voyage de presse est de montrer un produit, un savoir-faire, un procédé de fabrication et de rencontrer les principaux acteurs de l'entreprise. À ce titre, il est donc important que le PDG ou le DG fasse le déplacement. De plus, il est intéressant de nourrir le voyage avec des rencontres d'institutionnels ou d'experts liés au sujet ou de le relier à une actualité ou à un événement fort de la région.
- Son organisation doit être irréprochable. Un bon voyage de presse se prépare longtemps à l'avance. À l'arrivée des journalistes, remettez-leur le dossier de presse. Pendant le déroulement de votre voyage, veillez à ne pas déborder sur le planning et si nécessaire regrouper les journalistes par affinités.
- Tout comme un communiqué de presse, un voyage de presse qui n'aboutit pas sur un article ne doit pas remettre en cause la qualité de votre relation avec un journaliste. Ne relancez donc pas le journaliste pour lui demander quand un article va paraître mais plutôt ce qu'il a pensé du voyage.

Se tester

		vrai	faux
1	Organiser un voyage de presse peut-il être onéreux ?	■	■
2	Envoyer une invitation à un voyage de presse 15 jours à l'avance suffit largement ?	■	■
3	Est-il indispensable que les principaux dirigeants se déplacent en personne pour un voyage de presse ?	■	■
4	Est-il préférable de remettre le dossier de presse à la fin du voyage de presse de telle manière à ce que les journalistes soient plus attentifs ?	■	■
5	Une invitation doit-elle préciser l'objectif de la journée ou du déplacement (si il y a plusieurs jours), ainsi que le programme détaillé des interventions et des intervenants ?	■	■
6	À l'heure du déjeuner, les journalistes peuvent-ils avoir du temps libre pour pouvoir prendre des photos par exemple ?	■	■
7	Organiser un voyage de presse à l'occasion d'un lancement d'un nouveau produit est-il opportun ?	■	■
8	Réaliser une check-list des journalistes présents n'est-il pas inutile ?	■	■
9	Est-il préférable de faire appel à des institutionnels ou experts lors du voyage pour donner du « corps » au contenu ?	■	■

(Réponses page 124)

À VOUS DE JOUER

Organiser un voyage de presse pour partir à la découverte d'une région

Si le carnaval de Nice, les hôtels de luxe et le soleil font la réputation de Nice, la Côte d'Azur, située entre la montagne et la mer, offre également de nombreuses richesses culturelles, historiques, naturelles et gastronomiques qui méritent plus qu'un simple détour. Pour promouvoir cette destination touristique auprès d'une clientèle étrangère, la région souhaite organiser un voyage de presse.

Que ferait un responsable de la communication pour organiser ce voyage de presse ?

Nos conseils :

Avant de se lancer dans l'organisation du voyage, il est nécessaire de définir une thématique, les messages clés et une date. Ensuite, le responsable de la communication pourra alors :

- Bâtir un programme avec la thématique dominante (la découverte de l'art à Nice par exemple : art musical, gastronomique, pictural) en fonction du budget alloué. Cela nécessite de choisir les intervenants, d'associer le voyage à un événement de la région (le Nice Jazz Festival par exemple), de créer un temps fort (découverte gustative par des chefs) et/ou de le relier avec des sites culturels (Musée Matisse ou Renoir).
- Le déroulé du voyage de presse établi, le responsable de communication pourra alors constituer son fichier presse dédié à cet événement et envoyer un *save the date* à J – 3 mois. En parallèle, il pourra débuter la réalisation du dossier de presse qui sera remis à chaque journaliste.
- Le Jour J, le voyage de presse devra respecter un emploi du temps imparable et proposer un contenu riche, conforme aux attentes des journalistes.

réponses

1 ▪ Vrai

Selon le lieu et la distance, un voyage de presse peut représenter un coût non négligeable.

2 ▪ Faux

Votre invitation doit être envoyée au minimum 1 ou 2 mois avant le jour J. Idéalement, envoyez un *save the date* deux à trois mois avant l'événement.

3 ▪ Vrai

Il est important que les principaux dirigeants (PDG ou le DG) fassent le déplacement et soient présents tout au long de la journée pour pouvoir répondre aux questions des journalistes.

4 ▪ Faux

Le dossier de presse doit être remis impérativement dès l'arrivée du journaliste pour lui permettre de s'imprégner du contenu.

5 ▪ Vrai

Une invitation à un voyage de presse doit préciser l'objectif de la journée ou du déplacement (si il y a plusieurs jours), et proposer un programme détaillé avec le nom des intervenants.

6 ▪ Faux

L'heure du déjeuner est propice pour prolonger les discussions mais n'est pas un moment de temps libre.

7 ▪ Vrai

L'organisation d'un voyage de presse à l'occasion d'un lancement d'un nouveau produit est une bonne approche.

8 ▪ Faux

Réaliser une check-list des journalistes vous permet de pointer les présents et les absents et le cas échéant de contacter les retardataires.

8 ▪ Vrai

Avoir des institutionnels ou des experts permet de nourrir le voyage avec des rencontres et d'apporter un autre regard sur une thématique.

7 La conférence de presse

Se poser les bonnes questions

Face à une croissance accrue de la compétition internationale dans le monde de l'enseignement supérieur, le CERAM Business School et le Groupe ESC-Lille annoncent leur fusion en juin 2009. Cet événement, placé sous le signe du rapprochement entre les établissements d'enseignement et de recherche français (universités, grandes écoles, laboratoires de recherche, etc.), va bouleverser le monde des business schools en France et en Europe. Pour annoncer officiellement la fusion du CERAM Business School et de l'ESC-Lille, les deux établissements rebaptisés Skema Business School organisent une conférence de presse.

- Qu'est-ce qu'une conférence de presse ?
- Quand et comment opter pour organiser d'une conférence de presse ?
- Comment rédiger une invitation ?
- Combien de temps faut-il s'y prendre à l'avance ?
- Qui doit prendre la parole et pour dire quoi ?
- Comment utiliser le Web 2.0 pour une conférence de presse ?

Qu'est-ce qu'une conférence de presse ?

Une conférence de presse est une manifestation à laquelle vous invitez la presse pour faire une annonce importante ou pour la sensibiliser à un sujet d'actualité. Cette rencontre vise à transmettre un ensemble d'informations – nouvelles – à plusieurs journalistes dans le cadre d'une rencontre d'environ 40 à 50 minutes, voire une heure.

Comme l'indique son nom, une conférence de presse est un événement réservé aux journalistes. Sur le fond, elle doit tenir sa promesse c'est-à-dire apporter une *nouveauté* et délivrer suffisamment de matière pour que le journaliste puisse en faire une actualité. Le mot-clé d'une conférence de presse est *interaction* : les journalistes doivent avoir la possibilité de poser leurs questions à la fin de la présentation.

Savoir organiser une conférence de presse

- **Choisir le lieu** central et pratique pour les journalistes invités. Ne choisissez pas un espace trop vaste. Vous éviterez ainsi de donner une impression de vide, désagréable.
- **Trouver une salle** avec une bonne acoustique. Elle devra être équipée de tout le matériel technique nécessaire : micros fixes, micros baladeurs, connexions Internet, projecteur, traduction simultanée si besoin est. Veillez à ce que les photographes et les cameramans disposent de la liberté de mouvement nécessaire et d'une lumière suffisante.
- **Définir une date et une heure** : évitez les lundis et les vendredis et privilégiez la fin de matinée.
- **Soignez le contenu et respecter la durée maximale** : la durée d'une conférence de presse est de 30 minutes. À ce temps de pré-

...

...
sentation, il faut encore ajouter une séance formelle de questions et réponses avec les journalistes, d'une durée de 20 à 30 minutes. Au total, une conférence de presse ne doit pas excéder une heure.

- **Aménagez correctement la salle** : du nombre de sièges, à la sono en passant par un accès Wifi, faites-vous une check-list.
- **Organiser des répétitions** : coachez les intervenants.
- **Prévoyez un dossier de presse** : qui devra impérativement être remis à l'accueil du journaliste.

À quelle occasion organiser une conférence de presse ?

La conférence de presse doit être utilisée comme un outil de communication pour consolider les relations presse, en offrant la possibilité d'échanger et d'instaurer un dialogue, avec une information de qualité et une réelle actualité. Les occasions pour organiser une conférence presse ne manquent pas mais pour autant elles doivent être justifiées : l'organisateur doit toujours se poser les questions suivantes : qu'attendent les médias ? Quelle est la valeur ajoutée d'une conférence de presse par rapport à un dossier de presse ? Les journalistes ont un emploi du temps très chargé. Ceux qui ont accepté de se déplacer ne doivent pas être déçus.

Vous pouvez organiser une conférence pour annoncer :

- une acquisition (de plusieurs dizaines de milliers d'euros) ;
- un joint-venture, une fusion ;
- un accord de projet conjoint avec une grande société ;
- un lancement de produit ;
- l'inauguration d'un nouveau site ;
- les résultats d'un sondage ou d'une enquête majeure ;
- Les résultats financiers : résultats annuels, chiffre d'affaires.

EXEMPLE

> Le lancement d'un nouveau produit : Acti*via* à boire de Danone, le nouveau Land Rover, ou le dernier écran plat de Samsung ou Panasonic…
> Le lancement d'un nouveau service : un nouveau réseau GSM en Mauritanie, un réseau de courtiers en crédits pour les entreprises ou un fonds d'investissement pour l'agriculture en Afrique.
> Une fusion : Suez et GDF, ANPE et ASSEDIC.

En pratique

Une « avant-première » : un argument qui peut convaincre

Que cela soit sur un salon professionnel ou sur l'un de vos sites, une avant-première est particulièrement appréciée des journalistes. Cette notion leur assure la fraîcheur de l'information. Vous pouvez ainsi présenter « en avant-première » :

- le lancement d'une innovation ;
- la visite d'un site : nouvelle usine, nouveau musée ;
- un livre ou une exposition ;
- les résultats d'une étude ou d'un baromètre sectoriel.

Vous pouvez profiter de votre participation à un salon ou à un événement pour organiser une conférence de presse et présenter votre nouvelle solution ou produit en avant-première.

Exemples d'avant-première :

- À la veille du Sommet sur les objectifs du millénaire pour le développement qui se tiendra les 20 au 20 septembre prochains à New York, un nouveau rapport de l'ONU intitulé « Le partenariat mondial pour le développement, à la croisée des chemins », sera présenté en avant-première lors d'une conférence de presse.
- Lors de la conférence de presse d'annonce du festival du Film Francophone d'Angoulême, les organisateurs ont annoncé que Sandrine Bonnaire viendrait présenter le film *Joueuse*, de Caroline Bottaro, en avant-première à Angoulême.

Une conférence de presse peut également être utilisée pour rectifier une information ou se défendre. C'est une occasion idéale de donner « la bonne information ». L'interaction avec les journalistes permet de diffuser plus globalement votre message et de répondre à leurs questions.

EXEMPLE

> Face à une pluie de critiques concernant des problèmes de réception réseau du nouvel iPhone 4, Appel a organisé une conférence de presse. Au cours de l'événement, Steve Jobs a annoncé que la société allait offrir des étuis de protection. Il a, par ailleurs, profité de cet événement pour rappeler que ce problème ne touchait pas uniquement l'iPhone 4, mais tous les appareils du marché.

Une conférence de presse est parfois la solution la plus adaptée pour communiquer efficacement et rapidement. C'est particulièrement vrai dans le cadre d'une situation de crise, où l'intervention d'un haut dirigeant est nécessaire.

EXEMPLE

> Dans le cadre du crash du vol AF 447 Rio-Paris, Air France a réagi très rapidement. Le 1er juin 2009 à 13 h 00, seulement quelques heures après le crash d'un Airbus A 330, la compagnie aérienne a organisé une conférence de presse à Roissy avec le directeur général, M. Pierre-Henri Gourgeon.

Avant la conférence de presse

Tout comme un voyage de presse, la conférence de presse se prépare longtemps à l'avance et doit être organisée de façon irréprochable. Avant même de fixer une date ou réserver une salle, veillez à définir un message clair pour votre conférence de presse.

Choix de la date et de l'heure

La date, l'heure et le lieu sont des facteurs fondamentaux pour la réussite de votre conférence. Éviter à tout prix d'organiser de l'organiser pendant les vacances scolaires et les périodes de grands événements, sportifs ou politiques.

Évitez les lundis et vendredis

Dans la mesure du possible, organisez votre événement un mardi, mercredi ou un jeudi. Les lundis sont souvent très chargés et les vendredis peu propices à l'organisation d'un événement quel qu'il soit.

Privilégiez la fin de matinée

En règle générale, les journalistes se réunissent à la conférence de rédaction le matin vers 9 heures. La fin de matinée, de 10 h 00 à 11 h 30, constitue le moment privilégié pour organiser une conférence.

Par précaution, si vous connaissez bien un journaliste, faites-vous confirmer que la date et l'heure sont appropriées et qu'aucune autre conférence de presse n'est organisée le même jour par un autre acteur de votre domaine.

Le lieu

Dans le choix de votre salle, ne négligez pas le temps de déplacement pour s'y rendre. Privilégiez un lieu :

- central ;
- facile à trouver ;
- accessible par les transports en commun avec la possibilité de place de parking.

Le lieu doit également être attractif sans être trop prestigieux.

Le contenu de la conférence de presse

Une fois votre date et lieu fixés, il vous faut définir le contenu de votre événement. Il s'agit tout d'abord de définir la thématique puis les angles choisis. Veillez à définir un thème central ensuite, vous pourrez décliner le choix des intervenants et débuter la réalisation des documents.

Le choix des intervenants

Une conférence de presse est animée par un orateur principal : le plus souvent il s'agit du PDG ou du DG adjoint. Il est également souvent entouré de 2 à 3 intervenants – jamais plus – des spécialistes ou des experts du sujet. Ils peuvent être internes ou externes à l'organisation. Le choix des intervenants se fait en fonction du contenu, raison pour laquelle il ne doit donc pas toujours se porter sur l'élément hiérarchique le plus élevé : le PDG. Même si dans la réalité, avoir un N° 1 fait déplacer plus facilement des journalistes.

L'intervenant doit maîtriser totalement le sujet et être capable de réagir aux questions éventuelles. Dans tous les cas, attachez-vous à ne pas avoir plusieurs personnes autour de la table pour dire strictement la même chose et veillez à ce qu'ils aient pris connaissance de la présentation des autres pour éviter les redites.

La réalisation des documents

Pour organiser une conférence de presse, pensez en amont à l'ensemble des documents qui viendront en support :

- Avant l'événement : l'invitation à la conférence de presse.
- Le jour J de l'événement : le dossier de presse (voir chapitre 5) et la présentation PowerPoint qui sera projetée le jour J (si tel est le cas).

L'invitation à la conférence de presse

Une invitation doit susciter l'envie au journaliste de venir et d'écrire un papier ou de faire un reportage. Pour autant, veillez à ne pas dévoiler toutes les informations dans l'invitation, sinon le journaliste ne fera pas l'effort de venir.

Une invitation à une conférence doit préciser : la date, l'heure, le lieu, le sujet (la thématique), le nom de l'organisation qui organise la conférence de presse, les intervenants, l'itinéraire, la personne de contact avec un numéro de portable.

Sa diffusion

Comme pour toute action presse, votre fichier presse devra être suffisamment qualifié pour ce type de manifestation. Votre invitation pourra être adressée à plusieurs journalistes d'un même média dans la mesure où l'information peut intéresser plusieurs journalistes selon leur spécialisation : secteur activité, régions, économie... Toutefois, l'objectif n'est pas d'« arroser » tout une rédaction mais d'inviter uniquement les journalistes susceptibles d'être intéressés par votre information.

Prenez-vous suffisamment à l'avance pour pouvoir l'envoyer 2 à 3 semaines avant la date prévue, de préférence par e-mail.

Et la veille de votre conférence de presse, envoyez un rappel. Si les principaux médias que vous souhaitiez « avoir » n'ont pas encore réagi la veille de votre conférence de presse, prenez contact avec eux par téléphone.

Les relances téléphoniques

Vous pouvez demander aux journalistes de confirmer leur présence. Rares sont les journalistes qui vous renvoient une réponse spontanément. L'avant-veille ou la veille, assurez-vous de leur présence. C'est l'occasion de leur préciser que vous pouvez leur réserver une place de parking et qu'il est possible de réaliser une interview après la conférence de presse.

Toutefois, soyez conscients du fait que l'actualité peut retenir les journalistes, malgré une confirmation. Il ne faut pas leur en tenir rigueur.

Savoir assurer le montage logistique

- **Aménagez la salle** : Prévoyez toujours un nombre de sièges suffisant afin que tout le monde puisse s'asseoir et qu'il ne reste pas trop de chaises vacantes. L'allée centrale devra être suffisamment dégagée pour les médias TV, et un espace entre l'estrade et le 1er rang pour que les photographes puissent être à l'aise pour photographier les différents orateurs. Prévoyez également un accès WiFi pour que les journalistes puissent envoyer directement leur papier en direct et parfois relayer l'information en direct sur Twitter ou leur blog.
- **Mentionnez le nom des intervenants** et leurs fonctions sur les présentations.

...

...

- **Décorez la salle** avec le nom et le logo de votre organisation, qui doivent être bien visibles derrière les orateurs.
- **Placez les orateurs** : au niveau central, ils doivent être visibles même depuis le dernier rang. Pensez à utiliser des pupitres ou une table, en indiquant précisément leur nom. Prévoyez également des verres d'eau.
- **Coachez les intervenants** : organisez un exercice de présentation, préparez des questions, faites des remarques sur le langage utilisé, l'habillement, leur posture... souvent négligé, cet exercice est pourtant un bon moyen pour éviter les impairs et vérifier si les moyens techniques fonctionnent : micro, présentation PowerPoint projetée...
- **Prévoyez d'autres salles : une première salle attenante** à celle de la conférence de presse devra être aménagée si des interviews post-conférence sont prévues. Une deuxième salle peut être également prévue dans le cadre d'un cocktail ou d'un petit-déjeuner. N'en faites pas trop, mais il est vrai qu'offrir boissons et en-cas (croissants, buffet froid...) après la conférence permet de créer une ambiance agréable, tout en permettant d'établir des contacts informels ou de prolonger les discussions avec les journalistes.

Le jour J : le déroulement de la conférence de presse

Dans l'organisation d'une conférence de presse, chaque détail compte, il convient d'être performant dès l'accès au parking avec un parcours parfaitement fléché.

Accueil des journalistes

Assurez-vous qu'une personne soit à l'entrée pour accueillir les journalistes. Il s'agit d'établir la liste des présents et d'en profiter pour mettre à jour votre liste de presse.

En pratique

Soignez l'accueil des journalistes

- Prévoyez des blocs et stylos à disposition à l'entrée.
- Assurez-vous qu'un vestiaire se situe à l'entrée. De plus, le journaliste qui souhaite s'éclipser à n'importe quel moment de la conférence doit pouvoir récupérer ses affaires rapidement.
- C'est également le moment idéal pour leur remettre un dossier de presse, qui doit nécessairement venir en support à la conférence.

Le contenu et son déroulé

L'ensemble de la conférence ne doit pas excéder une heure. Sans vouloir établir un « format type », le déroulé d'une conférence de presse s'articule autour deux parties principales :

- le discours : 20 à 30 minutes ;
- les questions-réponses : 20 à 30 minutes.

En option, vous pouvez également prévoir un slot de 20 minutes pour les interviews post-conférence. Si c'est le cas, prévoyez bien une salle distincte.

Le discours : 20 minutes

La conférence de presse débute par un discours très bref de l'orateur principal, qui après avoir salué les journalistes, introduit les différents intervenants présents autour de la table. Il enchaîne tout de suite après avec son exposé qui s'articule autour :

D'une brève introduction de l'organisation si elle n'est pas connue ou en rappelant les circonstances, les motifs et les attentes

D'une présentation de la thématique de la conférence avec un déroulé des informations dans l'ordre décroissant (du plus important au moins important).

D'une chute c'est-à-dire une synthèse des éléments clés, et parfois, terminer sur une note de continuité, sur une perspective d'avenir

La conférence de presse n'est en aucun cas un monologue. C'est justement un lieu et un événement qui permet de créer le dialogue. Les meilleurs discours sont souvent ceux qui ne sont pas écrits. Rien ne vaut la spontanéité pour convaincre un auditoire. Il est également important de s'adresser à vos interlocuteurs en ponctuant votre discours d'exemples, d'anecdotes voire avec une touche d'humour si le contexte s'y prête.

En pratique

Soyez ponctuel et respectez le timing

Dans tous les cas, il est impératif de commencer une conférence de presse à l'heure. Même s'il manque un journaliste d'un grand média, commencez sans lui. De la même manière, si l'un des intervenants « a du retard mais va arriver », débutez quand même. Sinon, vous pénalisez les journalistes qui sont arrivés à l'heure.

Si trois intervenants souhaitent s'exprimer avant le jeu des questions-réponses, accordez-leur un temps de parole de 5 minutes maximum. Au préalable, les règles du jeu doivent être fixées entre les intervenants pour éviter toute redite et débordement dans le temps. À cet effet, désignez une personne qui, pendant la conférence de presse, pourra faire un signe aux intervenants s'ils dépassent leur temps de parole.

Les questions-réponses : 20 à 30 minutes

Le discours fini, il est temps pour les journalistes de pouvoir vous poser leurs questions. C'est le moment crucial d'une conférence de presse. C'est l'occasion pour l'orateur, souvent le PDG, de savoir comment la presse va réagir. Parfois, il faut faire face à des questions imprévues.

Au préalable, il est donc important d'avoir anticipé les questions posées et d'avoir réalisé un Q & A. Le problème se pose surtout en situation de crise ou bien lorsque des sujets techniques sont abordés. C'est le meilleur moyen de se préparer sérieusement.

Rester maître des débats

Il vous incombe de contrôler au maximum le déroulement de la conférence de presse. En effet, si vous laissez libre cours aux questions des journalistes, vous n'êtes pas sûr de diffuser l'information que vous souhaitez, et la conférence peut vite prendre un tour totalement inattendu, voire tourner en votre défaveur. C'est l'orateur principal qui anime cet exercice délicat et qui doit en fixer les règles : il détermine une heure limite pour répondre aux questions.

Répondre à toutes les questions

Selon le principe « qui ne dit mot consent », le refus de répondre est à bannir. Les journalistes se sont déplacés pour pouvoir vous poser des questions, ne les offusquez pas, surtout devant leurs confrères.

Garder en tête qu'un journaliste vient avec ses questions, venez avec vos réponses ! Vous pouvez également vous appuyer sur les intervenants « experts ». Là encore, il ne s'agit pas de faire de la langue de bois mais de répondre succinctement.

Conclure

Les dernières questions ne sont pas forcément les plus importantes ou les plus pertinentes. Si le climat et le contexte s'y prêtent, vous pouvez conclure très brièvement en rappelant les éléments qui paraissent essentiels.

Les interviews post-conférence : 20 minutes (optionnel)

Certains journalistes souhaiteront vous interviewer tout de suite après la conférence. Pour le journaliste il s'agit d'obtenir une information plus personnalisée, un complément d'informations voire un scoop. Il est donc important de ne pas divulguer une information privilégiée à un journaliste sous prétexte qu'il vous interviewe !

Les médias radio

Soyez tolérant avec les journalistes radio, qui, même s'ils prennent des notes, ont besoin d'une interview à leur micro.

EXEMPLE

> Si vous organisez votre conférence à 10h00, le journaliste radio voudra avoir l'interview pour les journaux du midi. Il est donc possible qu'il vous demande de vous prêter au jeu dix minutes tout de suite à l'issue de la conférence. Certains pourront également vous demander aussi une interview par téléphone s'ils ne peuvent pas faire le déplacement.

Les médias TV

Même réflexion pour la télévision qui peut avoir besoin d'images en extérieur et peut vous demander de lui consacrer un peu de temps soit avant ou après la conférence de presse.

Après la conférence de presse

Votre conférence de presse finie, le travail du communicant ne s'arrête pas là. Après cet événement, l'attaché de presse doit :

Mettre à jour la base de données presse

Cet événement est une bonne occasion pour mettre à jour le fichier presse. Il s'agit d'examiner la liste des journalistes présents et de mettre à jour le fichier, en insérant journaliste par journaliste, la mention venu/pas venu.

Envoyer le dossier de presse aux journalistes absents

Faites parvenir le dossier de presse aux journalistes absents. Si vous avez de bonnes relations avec un journaliste, vous pouvez le contacter pour lui communiquer les informations principales.

Réaliser un press book

Au lendemain de la conférence, une personne devra éplucher tous les journaux et de surveiller les médias présents afin de vérifier si les journalistes parlent de votre information. Vous pouvez également vous abonner à une pige presse (voir chapitre 9) pour être sûr de ne rien rater. Veillez à réaliser une évaluation quantitative, mais aussi qualitative de la diffusion de votre information : le ton des articles (positif, négatif).

Si vous constatez des erreurs dans un article, réagissez immédiatement !

Comment utiliser le Web 2.0 pour une conférence de presse ?

Créez votre podcast

Une conférence de presse est un événement dédié aux journalistes, c'est la raison pour laquelle vous ne pouvez pas inviter des clients, des salariés ou des partenaires à ce type de manifestation. Toutefois, rien ne vous empêche de filmer votre conférence de presse pour la rendre accessible ensuite sous forme de podcast sur votre site Internet. Le constructeur Apple a même nommé sa conférence de presse du 16 juillet 2010, « Apple event » : http://www.apple.com/fr/appel-events/july-2010/.

En plus de disposer d'un podcast sur son site Internet, son intérêt repose également sur la possibilité de le diffuser *via* des flux RSS et de faire du push.

Twitter : relais d'information… et support digital pour une conférence de presse virtuelle

« Des amis aux collègues, en passant par les célébrités et les commerces que vous fréquentez. Tout est sur Twitter » annonce le site Internet. Avec pas moins de 225 000 membres, seulement un an après avoir lancé sa version française, ce microblogging permet à votre communauté de suivre votre actualité. C'est justement sur ce média, que le président américain Barack Obama a choisi d'annoncer une conférence de presse le 22 juillet à 21 h 00. C'est la première fois que la Maison-Blanche annonce un tel événement sur le site de micro-blogs Twitter, en complément aux supports traditionnels. D'autres annonceurs vont même plus loin, en organisant une conférence de presse digitale sur Twitter.

EXEMPLE

Pour annoncer la 3e édition du Salon des Solidarités 2010, le rendez-vous des acteurs de la solidarité internationale, les organisateurs ont lancé une conférence de presse innovante uniquement disponible sur Twitter. Jean-Marc Semoulin, co-président du salon, revient sur son choix et dresse un constat intéressant : « D'années en années, nous avons constaté une baisse du nombre de journalistes présent à notre conférence de presse. En 2010, nous avons donc décidé d'innover en lançant une conférence de presse disponible uniquement sur Twitter. À notre connaissance, c'est la première fois en France qu'une conférence de presse était organisée sur ce type de média. Et ça a plu ! Au-delà d'attirer des bloggeurs et des internautes que nous n'aurions pas pu inviter à une conférence dite "traditionnelle", nous avons réussi à mobiliser plus de médias que nous n'aurions eus par ailleurs. Cette conférence de presse présentait également l'avantage de pouvoir inviter un plus grand nombre d'intervenants à notre table. Chacun d'entre eux envoyait sur son propre profil Twitter un fil, qui par ricochet nous a permis de gagner en visibilité auprès tous leurs abonnés. Nous réitérerons notre expérience pour l'édition 2012, en nous appuyant sur les points d'améliorations (disposer d'un numéro de téléphone pour les questions journalistes personnalisées), pour mobiliser encore plus de médias[1]. »

Le fabricant coréen LG a présenté ses deux nouveaux téléphones : OPTIMUS One with Google™/LG OPTIMUS Chic au cours d'une conférence de presse digitale, *via* Internet, en direct de Séoul. La session de questions/réponses a même été rendue interactive et ouverte aux Internautes *via* Twitter. D'après le communiqué de presse officiel du fabricant annonçant ce nouveau standard de conférence de presse, « il s'agit de pouvoir discuter directement avec notre public. Cette annonce virtuelle [...] qui incarne la créativité et l'accessibilité, reflète les valeurs de ces deux nouveaux smartphones ».

1. Pour retrouver le fil de la conférence de presse : http://www.portail-humanitaire.org/news/actu/2010-05-19-Le-Salon-des-Solidaritrence-de-presse-sur-Twitter.

Faites le point

- Une conférence de presse vise à transmettre un ensemble d'informations à plusieurs journalistes dans le cadre d'une rencontre d'une durée d'une heure maximum.
- Le choix de la date et du lieu conditionne la réussite d'une telle opération. L'invitation, envoyée 2 à 3 semaines avant l'opération, doit susciter l'envie au journaliste de venir mais ne doit pour autant, révéler toutes les informations.
- La veille, l'ensemble des intervenants doivent être synchronisés tant sur le contenu que sur la forme, et le bon fonctionnement des éléments techniques effectués.
- À leur arrivée, les journalistes doivent recevoir le dossier de presse.
- Le déroulé d'une conférence de presse s'articule autour de deux parties : le discours et les questions-réponses. Le discours est animé par un orateur principal, le PDG ou le DG adjoint mais celui-ci peut être entouré de 2 à 3 intervenants – jamais plus – des spécialistes ou des experts du sujet. Le jeu des questions réponses avec les journalistes est le moment le plus crucial d'une conférence de presse. Il est donc nécessaire de bien s'y préparer.
- Après la conférence de presse, il est important de mettre à jour sa base presse, de diffuser le dossier de présence aux journalistes absents et de réaliser un press book.

Se tester

	vrai	faux
1 ■ Une conférence de presse peut-elle être organisée un lundi matin à 9 h 00 ?	☐	☐
2 ■ Envoyer une invitation à une conférence de presse 15 jours à l'avance suffit-il largement ?	☐	☐
3 ■ Si l'un des orateurs venait à être en retard, ne faut-il pas débuter la conférence sans lui ?	☐	☐
4 ■ L'un des journalistes pose une question gênante qui pourrait mettre en porte à faux le PDG de l'entreprise. Est-il préférable de lui répondre que la société ne souhaite pas s'exprimer sur le sujet ?	☐	☐
5 ■ Une invitation à une conférence de presse doit-elle préciser la thématique majeure et proposer un programme détaillé des interventions ?	☐	☐
6 ■ Le dossier de presse doit-il être remis au journaliste, dès son arrivée à la conférence ?	☐	☐
7 ■ La durée d'une conférence de presse peut-elle excéder 1 h 30 ?	☐	☐
8 ■ L'un des exercices les plus difficiles d'une conférence de presse est-il le jeu des questions réponses ?	☐	☐
9 ■ La veille de l'événement, est-il déjà trop tard pour renvoyer un rappel aux journalistes ?	☐	☐

(Réponses page 145)

À VOUS DE JOUER

Organiser une conférence de presse pour une initiative de récolte des dons

Un établissement privé à but non lucratif participant à la recherche médicale, organise, sur l'initiative originale de son directeur, un dîner au cours duquel plus d'une centaine de femmes connues ont accepté de vendre une robe aux enchères. Soutenue par la mairie et plusieurs collectivités, cette initiative permet de récolter plus de 250 000 € de dons qui vont directement soutenir un programme pour les femmes touchées par un cancer du sein.

Que ferait un responsable de la communication de cet établissement ?

Nos conseils :

Le choix d'une conférence de presse, en complément à un dossier de presse, peut être intéressant pour donner la parole à son créateur, le directeur de l'établissement ainsi qu'à l'une des célébrités. Il en convient avant de vérifier, parmi les 100 femmes, si la journée peut bénéficier d'une « marraine » afin de porter l'ensemble des messages. Une fois votre analyse, même succincte effectuée, le responsable pourra alors débuter l'organisation de l'événement en commençant par :

- L'élaboration d'un fichier presse complet et sur mesure de contacts qualifiés, la rédaction du dossier de presse, la réalisation de l'invitation. Le témoignage d'une personnalité sera un atout pour donner de la matière et attirer les médias.
- Le jour J assurez-vous d'avoir 2 ou 3 personnes maximum comme intervenant. Prévoyez un temps pour les questions et réponses ainsi qu'un lieu approprié pour la prise de photos ou d'interview Télé.
- À l'issue de la conférence, envoyez le dossier de presse aux journalistes absents et assurez le suivi des demandes (photos, interviews...).

réponses

1 ▪ Faux

L'heure idéale pour organiser une conférence est entre 10 h 00 et 11 h 00. Évitez les lundis et vendredis qui sont traditionnellement des jours peu propices à l'organisation d'événements.

2 ▪ Vrai

Mais c'est le délai maximum. Envoyez l'invitation 2 à 3 semaines à l'avance, de préférence par e-mail.

3 ▪ Vrai

Commencez toujours à l'heure. Même s'il manque un orateur ou un journaliste.

4 ▪ Faux

Les journalistes ont fait le déplacement pour vous poser des questions et entendre vos réponses. Il est donc vivement recommandé de répondre à toutes les questions des journalistes, même de façon succincte.

5 ▪ Faux

Veillez à ne pas dévoiler tout le programme pour aiguiser l'intérêt des journalistes à y assister.

6 ▪ Vrai

Le dossier de presse doit être impérativement remis à l'arrivée des journalistes.

7 ▪ Faux

La durée d'une conférence de presse ne doit pas excéder 1 h 00 et non 1 h 30.

8 ▪ Vrai

Le jeu des questions réponses qui suit la présentation peut se révéler un exercice difficile. C'est pourquoi il est important de s'y préparer.

9 ▪ Faux

Envoyer systématiquement un rappel aux journalistes la veille de votre conférence de presse.

8 La rencontre avec le journaliste

Se poser les bonnes questions

Avec 74 millions de visiteurs en 2009, la France conserve son titre de première destination mondiale en fréquentation, malgré un recul de 6% des arrivées de touristes en raison de la crise. Son extrême diversité constitue un atout indéniable pour attirer des visiteurs des quatre coins du monde. En mars 2011, deux amies créent atasteofrance.com, le spécialiste du voyage haut de gamme. Avec plus de 10 thématiques, les créatrices ont conçu des « packs » pour répondre à une nouvelle demande : vivre une expérience à la française le temps d'un week-end ou d'un séjour linguistique. Lors du lancement, la société organise une campagne de relations presse. C'est un succès. Plusieurs journalistes demandent à interviewer le PDG :

- Comment se préparer à une interview ? Faut-il avoir recours au média training ?
- Comment faut-il se comporter le jour de l'interview ? Quelles sont les différences entre une interview avec un journaliste de la presse écrite, TV ou radio ?
- Comment exercer un droit de réponse ?

Se préparer

Vous avez décroché une interview avec un journaliste ! Votre communiqué de presse et/ou vos différents échanges téléphoniques l'ont convaincu d'en savoir plus sur votre entreprise. Bravo. Soyez désormais convaincu, que pour être convaincant, une interview se prépare. C'est une règle d'or. Passez des messages en moins de 3 minutes ne s'improvise pas. Au contraire, cela demande des heures de préparation.

Une interview, selon le type de média et le contexte, peut prendre plusieurs formes :

- un déjeuner presse ou un petit déjeuner : majoritairement pratiqué par les journalistes de la presse écrite, cette rencontre peut également avoir lieu, en moindre proportion, avec un journaliste radio ou TV ;
- un passage radio (enregistré ou en direct) ;
- ou une émission de télé (pour le Web, une chaîne du câble ou hertzienne) enregistrée ou en direct ;
- à l'occasion d'une conférence de presse ou un voyage de presse.

Par ailleurs, les journalistes de la presse écrite et de la radio font souvent leurs interviews par téléphone.

Savoir respecter quelques règles fondamentales

Un entretien se prépare. C'est un investissement en temps qui portera ses fruits.

- **Soyez clair et bref** : garder à l'esprit vos « messages clés ». Préparez trois « points forts » maximum.

...

...

- **Exprimez-vous sur un ton naturel**, comme si vous parliez à des gens que vous connaissez.
- **Donnez des informations**, soyez une source fiable et crédible, tout en ponctuant d'exemples ou d'anecdotes.
- **Soyez cohérent**, ne changez pas d'avis en plein milieu de l'interview.
- **Soyez honnête**, tenez-vous en aux faits. Chacun de vos propos pourra être repris par le journaliste.

Spécificités du déjeuner presse en one-to-one

Dans le cadre d'une première entrevue, ce type de rencontre permet de faire connaissance et de nouer contact. C'est aussi un moment pour installer une relation personnelle avec le journaliste. Si vous l'avez déjà rencontré, cela permet de nourrir les échanges et de lui communiquer les dernières actualités. Mais gardez en tête, que ce n'est pas parce que vous allez déjeuner avec un journaliste, que vous aurez automatiquement un article. Ce n'est pas un acquis, encore moins une obligation.

Durée et lieu du RV

En règle générale, un déjeuner de presse dure entre une heure et une heure et demie. Le choix du restaurant doit être effectué en fonction de quelques critères :

- Dans un endroit plutôt haut de gamme sans être prestigieux, situé non loin de la rédaction ou dans un lieu central pour les deux protagonistes ;
- Côté pratique, privilégiez un endroit pas trop bruyant et une table avec suffisamment d'espace pour poser un carnet de notes...

Les supports

Si le déjeuner fait suite à une information que vous venez de publier, venez avec le dossier de presse ou le communiqué de presse.

En pratique

Préparer son rendez-vous

Entre la date de prise du RV déjeuner et le jour J, il se sera peut-être écoulé plusieurs semaines. La veille du déjeuner, n'oubliez pas de confirmer :

- la date et l'heure ;
- l'adresse du restaurant ainsi que le nom sous lequel la réservation a été faite ;
- le nom de la personne qu'il va interviewer ;
- et le numéro de téléphone de l'attaché de presse pour prévenir au cas où.

En complément, soyez curieux et regardez les derniers sujets traités par le journaliste. Cela vous permettra de rebondir en cas de « silence » mais surtout de lui montrer que vous vous intéressez à ce qu'il fait, et si l'occasion se présente, de partager votre opinion sur l'un des sujets traités. Dans ce cas, la personne la plus adéquate est la personne interviewée, le PDG ou un membre de la direction.

La préparation à l'interview : print, radio, TV

Voici quelques éléments à garder en tête pour bien préparer son interview :

- **Débuter par une brève introduction** sur l'organisation et son activité de manière didactique et concise. Même si le journaliste a reçu des informations concernant l'entreprise, il aura peut-être oublié. « Quel que soit le type de média, il faut systématiquement partir du principe que l'interlocuteur ne connaît ni l'entreprise ni le produit. La première chose, est de lui rappeler ce qu'est l'entreprise. Et la deuxième, déterminante, est d'éviter tout jargon de l'entreprise afin d'être compris par l'ensemble des lecteurs, auditeurs, ou téléspectateurs » explique Christian d'Oléon de DGM Conseil.

- **Préparer vos messages clés** : que souhaitez vous dire ? Quelles informations souhaitez-vous que les journalistes et le public retiennent ? Prévoyez un fil conducteur et amenez le journaliste où vous le souhaitez. De cette façon vous ne quitterez pas l'interview frustré en pensant « j'aurais dû dire ceci ou cela ». Attention toutefois à ne pas vouloir passer trop de messages : deux ou trois message suffiront largement. Il ne s'agit pas de tout dire.
- **Donner de la matière** : un journaliste cherche avant tout de l'information, or si vous ne lui livrez que du contenu trop marketé ou sans réel intérêt, il ne souhaitera pas vous revoir ou écrire un papier sur vous. Étoffer vos réponses en les reliant à l'actualité du moment (dont les autres médias parlent) ou en vous appuyant sur une étude parue récemment.

EXEMPLE

> « Selon nos informations, le marché sur lequel nous lançons notre produit devrait connaître une croissance de plus de 15 % par an. » ou « L'étude sur laquelle nous avons basé nos estimations est récente et a été publiée aux États-Unis, pays où nous avons près de 20 % de part de marché… »

- **Soyez naturel** : Le journaliste ne doit pas avoir le sentiment d'entendre un discours répété. Ponctuez votre discours d'anecdotes, c'est toujours plus facilement mémorable.

- **Anticipez toutes les questions qui pourraient être posées** lors de l'entrevue. Lorsqu'un journaliste vous sollicite pour une interview, demander lui le cadre de l'interview, c'est-à-dire le sujet, l'angle, les objectifs et le degré de précision dont il a besoin. Mais méfiez-vous, comme les trains, un sujet peut en cacher un autre.

EXEMPLE

C'est ce qu'à dû affronter une directrice de la communication d'une célèbre marque de cosmétique végétale, prise au piège par un journaliste qui effectuait un reportage sur la cosmétique bio. Le produit en main, zoom sur le packaging marketé « green », le journaliste questionnait la directrice de la communication sur la faible teneur des composants bios. Prise au piège, elle n'avait pas su répondre et fut remerciée le lendemain de la diffusion du reportage.

Savoir construire un Q/A

Ce document, appelé *Q and A*, se présente sous forme d'un jeu de questions-réponses. Son objectif est d'anticiper toutes les questions susceptibles d'être posées par la presse et de se faire ainsi « l'avocat du diable ». Il permet au porte-parole d'une entreprise d'être mieux préparé et de maîtriser la situation dans le cadre d'une question impromptue. Il n'existe pas de Q/A type car ce document interne est propre à chaque entreprise, toutefois nous vous proposons une méthodologie :

A – Réaliser une matrice de « l'environnement produit »

- ses avantages/ses inconvénients ;
- sa composition (ingrédients/procédés de fabrication) ;
- sa promesse.

…

...

B – Identifier l'ensemble des objections possibles pouvant mettre votre porte-parole en difficulté

À ce stade, vous devez imaginer toutes les objections possibles. Il peut s'agir d'un sujet directement lié à l'impact de votre produit sur l'environnement, un composant, la politique RH... Exemples :

- Votre produit est fabriqué en Inde, faites-vous travailler des mineurs ?
- Utilisez-vous des parabènes ou des produits chimiques ?
- Vous affichez une croissance à deux chiffres mais annoncez une nouvelle réorganisation.

C – Construire un travail d'argumentation

La réponse à une question ne doit pas déboucher sur d'autres questions. Contentez-vous de suivre ce travail d'argumentation. Un journaliste vient avec ses questions, venez avec vos réponses.

- « Nous n'utilisons pas le travail des enfants. Nous vérifions que les fournisseurs adhèrent au code de conduite de l'entreprise et réalisons fréquemment des audits. »
- « Tous nos produits sont labélisés ECOCERT. Aucune de ces substances ne rentre dans la composition de notre produit. »
- « Face à la montée en puissance de la concurrence chinoise, nous avons pris les mesures nécessaires pour pouvoir rester compétitifs et maintenir ainsi des emplois en France. ».

L'interview : le jour J

L'interview doit contribuer à éclairer le journaliste sur le sujet qu'il souhaite traiter. Il fait son travail en rapportant ce qu'il entend : à vous de lui dire ce que souhaitez voir retranscrit. Le choix de la sémantique est dès lors important.

Le déjeuner presse en one-to-one

Au restaurant, demandez une table au calme et indiquez à l'accueil qu'une personne va se joindre au déjeuner. Préciser à la personne de l'accueil qu'il s'agit d'une première rencontre et, qu'il devrait mentionner le nom de votre société.

Prenez la parole en premier

Une fois le journaliste à vos côtés, débutez l'interview en le remerciant d'être venu et débutez par une brève présentation de votre société. Même s'il a reçu des informations avant de vous rencontrer, du temps s'est écoulé, il est important de lui restituer le contexte de manière orale. Si vous avez déjà rencontré le journaliste, il saura apprécier une petite piqûre de rappel.

EXEMPLE

> « Dans un premier temps je vous propose de vous présenter en quelques mots l'entreprise », ou « Lors de notre dernière entrevue, nos discussions s'étaient arrêtées sur l'acquisition de la société x. Depuis le périmètre de la société a fortement évolué, je me propose de vous faire un bref rappel historique... »

Soyez tactique : prenez la parole le premier. Cette première phase permettra d'aiguiser l'intérêt du journaliste. Sinon c'est prendre le risque que le journaliste vous pose des questions qui vous intéressent moins. Si vous disposez d'un dossier de presse, remettez-le lui avant de commencer votre pitch et précisez-lui que l'ensemble des informations que vous allez aborder se trouvent dans le dossier.

Faites court, synthétique et vulgarisez

Le but n'est pas de tout raconter pendant la rencontre, mais d'installer une relation personnelle avec le journaliste. Pour être compris, il est inutile de vouloir chercher à tout lui expliquer. Au contraire, la meilleure des recettes est de faire simple (un sujet, un verbe, un complément) et de s'obliger à penser que la personne qui vous écoute ne connaît rien à votre domaine. Considérer votre interlocuteur comme n'importe quel quidam vous permettra de bannir tout jargon technique incompréhensible et de raconter une histoire. Si malgré tout vos efforts de vulgarisation, vous sentez que le journaliste ne connaît pas en profondeur le sujet, n'essayez pas de le lui faire comprendre. Il dispose de peu de temps. Donnez-lui juste l'information utile et ce dont il a besoin pour lire correctement votre actualité.

Soyez naturel, sincère et parlez de choses concrètes

Si l'on veut être compris il faut faire l'effort de se mettre à la place de celui qui écoute. Comme le journaliste qui écrit sur papier, racontez votre histoire en la ponctuant d'anecdotes ou d'exemples concrets. Une comparaison vaut mieux qu'un grand discours, « mais soyez précis » précise une journaliste de la presse écrite car « utiliser des termes généraux du type « leader mondial des systèmes de sécurité quand on est n° 1 des systèmes d'alarme de la région Rhône-Alpes n'apporte pas de valeur ajoutée ».

EXEMPLE

> Plutôt que de dire : « Nous sommes le leader européen et avons su conquérir de nouvelles parts de marché en l'Europe », dites « Aujourd'hui, près d'un ménage sur trois consomme un produit de notre groupe, ce qui équivaut à un achat toutes les minutes. Grâce à notre position de leader, nous avons ainsi pu nous imposer rapidement comme le n° 1 européen ».

En pratique

Les erreurs à ne pas commettre !

- Avoir plusieurs interlocuteurs : si la personne interviewée vient avec son attaché de presse, il est très important de distribuer les rôles pour éviter de couper la parole. « Il m'est arrivé de voir certains attachés de presse répondre à la place du PDG ou ajouter des anecdotes et des commentaires après chaque propos de celui-ci » explique une journaliste « et ce même dans d'importantes sociétés du CAC 40 ».
- Parler de votre budget publicité ou d'interviews réalisées avec d'autres médias.
- Pratiquer le off sans être très clair : il n'existe pas de règle précise en la matière. Dans la pratique, le off est possible mais il est fortement conseillé de le faire exclusivement dans le cadre d'une relation établie. Toutefois, précisez bien à votre interlocuteur que c'est du off, quitte à le répéter deux fois, pour éviter les mauvaises surprises.

La fin de l'interview

L'interview est sur le point de se terminer. Si vous avez alors le sentiment d'être passé à côté et de ne pas avoir abordé un sujet qui vous semblait important, n'hésitez pas à recadrer le débat.

EXEMPLE

> « J'espère avoir répondu à toutes vos questions (silence) (attente réponse). Puis-je me permettre toutefois d'attirer votre attention sur un point qui me semble important… »,

Une fois l'interview finalisée, remerciez le journaliste de vous avoir accordé de son temps. Deux questions sont à bannir : quand l'article va-t-il paraître ? et est-il possible de relire l'article avant sa parution ?

Premièrement, le journaliste ne sait, lui-même, peut-être pas quand il fera un sujet, voire si un papier sortira. Il ne le fait pas pour vous embêter, mais tout simplement parce que selon le sujet, la ligne éditoriale ou l'actualité du moment, il n'aura peut-être pas la place. Deuxièmement, aucune règle n'oblige un journaliste à faire relire son article avant sa publication. Certains le font, d'autres pas. Lui poser la question, c'est mettre en doute sa capacité à retranscrire vos messages. Cette règle est valable pour n'importe quel type d'interview. À défaut, si vous prenez la parole sur un sujet délicat ou très technique, dites-lui que vous vous tenez à disposition pour relire une citation.

L'interview radio

La radio est le média de l'immédiat. Si un journaliste vous contacte, soyez très réactif. Il est préférable de lui répondre dans les minutes voire les heures qui suivent. Il aura peut-être besoin d'un témoignage ou besoin d'explications d'experts pour illustrer ou « cautionner » ses propos.

Les questions à poser aux journalistes avant une interview radio

Avant votre passage radio, vous pouvez demander au journaliste le cadre de l'interview c'est-à-dire sa durée et si l'émission sera enregistrée ou en direct. Dans la pratique, un journaliste radio ne vous donnera jamais les questions à l'avance car c'est un média qui travaille en flux tendu, lui-même prépare son interview quelques heures avant votre intervention :

- Combien de temps l'interview durera-t-elle ? Connaître la durée de l'interview vous aidera mieux à préparer vos réponses aux questions prévues. Serez-vous interviewé pendant trois ou vingt minutes? Plus l'entrevue est courte plus vos messages doivent être percutants pour tenir dans des séquences de 10 à 20 secondes.

- L'interview sera-t-elle enregistrée ou sera-t-elle retransmise en direct? Les interviews en direct demandent plus de pratique et de préparation – il n'y aura pas de « reprise » si vous bégayez ou n'arrivez pas à maîtriser votre stress.

L'entraînement : le médiatraining

« Plonger le futur interviewé dans les conditions d'un direct en jouant à la "vraie-fausse" interview est sans aucun doute le meilleur moyen d'acquérir une bonne méthodologie » explique l'agence Actence. Le coach imaginera un scénario, et très rapidement chacun se prendra au jeu. La meilleure façon est de filmer la scène. Dès que le jeu est terminé, la scène peut alors être visionnée pour détecter les points forts mais aussi relever les points faibles et prendre conscience de son image pour améliorer sa prestation. L'interview doit être reprise et retravaillée jusqu'à ce que l'interviewé se sente à l'aise et maîtrise suffisamment son intervention pour rendre son discours clair et simple.

La gestion du stress

Arrivez au studio d'enregistrement au minimum 30 minutes avant le début de l'émission ou de l'enregistrement. Si le trac se fait sentir... rassurez-vous : les auditeurs ne se préoccupent pas de savoir si vous vous sentez bien ou pas, ils veulent une information. C'est tout. À chacun son trac, à chacun ses astuces pour le faire disparaître (prévoyez un mouchoir, une bouteille d'eau ou apprenez la respiration abdominale). Le trac est désagréable à vivre, mais il est peu visible.

Installé au micro, l'émission commence, vous êtes « ON AIR ». L'accroche, les 30 premières secondes, donnent le ton. Faites-vous confiance et trouvez le bon rythme.

Le direct : maîtriser le débat

Lors de l'interview, parlez en tant que représentant de votre organisation et non d'un point de vue personnel. Gardez à l'esprit que vous vous parlez à des auditeurs, et :

- Limitez vos réponses à environ trois phrases.
- Répondez aux questions clairement et naturellement.
- Pensez toujours au type de public auquel vous vous adressez.
- Expliquez les informations que vous donnez pour aider le public à comprendre des concepts difficiles par exemple.
- Ayez, si besoin, des fiches avec des exemples ou des notes pour vous aider en cas de « trous de mémoire ».

EXEMPLE

> « Quand vous êtes écouté par 2 millions de personnes, vous n'avez pas le droit à l'erreur. À la radio, comme beaucoup d'autres médias, le journaliste envoie très rarement ses questions à l'avance. Surtout sur la tranche du matin, lorsqu'il s'agit de sujets liés à l'actualité. En revanche, il ne faut surtout pas hésiter à demander le cadre et le sujet qu'il souhaite aborder. Je conseille également de venir avec une "fiche" sur laquelle seront repris les grandes lignes et les mots-clés que l'on souhaite faire passer. Cette pratique est assez courante, même pour des personnalités rompues aux médias comme des ministres. Cela permet de donner un canevas des réponses et d'éviter de partir dans tous les sens » explique M. Pierre-Louis Castelli, journaliste à Radio France.

L'interview télévisée

Que vous participiez à une émission en direct ou que les équipes de reportage viennent dans votre entreprise, préparez vos messages clés. Comme pour l'interview radio, vous pouvez vous entraîner à l'aide de média training, toutes les écoles de journalisme proposent ce type d'exercice.

La gestuelle compte autant que les propos

En télévision, vos gestes et vos intonations comptent autant que vos paroles. Une gestuelle ouverte et une bonne gestion des appuis naturels (silences, regards, sol) permettent de maîtriser son discours et de laisser une meilleure image. Il est conseillé de :

- regarder la personne qui vous interview plutôt que la caméra, l'expression est plus naturelle ;
- être posé et de parler calmement ;
- d'illustrer certains de ses propos par ses mains, sans pour autant en abuser.

Enfin, gardez à l'esprit que, lorsque vous êtes filmé, tout est enregistrable et utilisable. Le cameraman peut faire le choix de faire un zoom sur vos mains par exemple. Évitez donc le grattage le nez, le repositionnement de la cravate, ou un bâillement... et lorsque vous n'intervenez pas, n'oubliez pas que le cameraman continue à filmer : contrôlez votre image même lorsque vous pensez ne pas être filmé. « Si un journaliste souhaite vous filmer dans une situation dans laquelle vous ne vous sentez pas à l'aise, vous pouvez tout à fait refuser » explique Stéphane Ruiz, directeur associé de l'agence Actifin. « Toutefois, échangez avec lui et prenez en compte ses attentes et ses besoins afin d'être en mesure de lui proposer une alternative. Cette démarche reflète ce qui constitue une règle d'or dans la bonne gestion des relations presse : assurer toujours le meilleur équilibre entre la nécessaire maîtrise de l'image de l'entreprise et les exigences éditoriales légitimes des journalistes ».

Venez avec vos réponses

Lorsqu'un journaliste vous pose des questions plus ou moins attendues, ne vous préoccupez pas trop de la formulation de la question.

Dites ce que vous aviez prévu de dire : « Avant tout j'aimerais revenir sur un point. Laissez-moi vous rappeler... » ou « C'est une question intéressante, il faut savoir toutefois que... » Qui se rappellera de la question après votre intervention ?

Lorsqu'un journaliste vous pose une question précise, utilisez la technique de la reformulation qui présente plusieurs avantages :

- Elle vous laisse un peu plus de temps pour répondre à la question.
- Votre propos ne pourra pas être utilisé hors contexte.
- La question du journaliste pourra être coupée au montage.

EXEMPLE

Le journaliste : « À votre avis, la baisse du dollar va-t-elle continuer encore longtemps ? »

Mauvaise réponse : « Oui, je pense » ou « Je ne sais pas ».

Bonne réponse : « Personne ne peut dire si la baisse du dollar va continuer encore longtemps. »

En pratique

Faites attention aux points de détails qui ont leur importance

- Pendant la « préparation » avec le journaliste, ne lui délivrez pas d'information en off.
- N'oubliez pas qu'avec un micro-cravate, les régisseurs peuvent suivre votre conversation téléphonique où que vous soyez. Si votre micro-cravate est à fil, détachez-le. Lorsque le micro est fixé sur la table, vous n'avez pas à le toucher, un technicien adaptera sa puissance à la force de votre voix.
- Certaines couleurs, comme le rouge ou le blanc, ne passent pas bien en télé.
- Attention aux imprimés tels que les rayures ou le pied-de-poule, ils sont déconseillés. En plateau, les ensembles bleus ou verts peuvent se prêter à des incrustations.

Votre information est publiée

L'interview est terminée. Votre communication est devenue une information. Bon nombre de vos clients, fournisseurs et collaborateurs vont prendre connaissance de votre article ou interview radio/TV. Seulement, vos propos ont été déformés et/ou une erreur s'est glissée, comment faut-il réagir ?

Une coquille

S'il s'agit d'une erreur mineure du type un problème dans la légende de la photo ou une erreur dans le nom ou la fonction de l'interviewé, signalez le poliment au journaliste par e-mail. L'appeler pour lui donner une information de cette nature serait légèrement excessif.

EXEMPLE

> « Monsieur X, je vous remercie pour l'article que vous avez consacré à notre entreprise. Toutefois, je me permets de vous indiquer qu'une erreur s'est glissée : l'entreprise n'est pas basée à Chartres mais à Châteauroux. Je tenais tout simplement à vous en informer dans le cadre d'une prochaine interview. »

Une erreur pouvant vous porter préjudice

S'il s'agit d'une erreur beaucoup plus importante qui peut vous porter préjudice, par exemple :

- un résultat d'exploitation erroné ;
- l'entreprise n'a pas la capacité à innover et va devoir faire face à des difficultés ;
- l'entreprise va délocaliser :

contactez le journaliste. Expliquez-lui poliment et calmement la situation et envoyer un lui mail de confirmation résumant votre discussion téléphonique :

EXEMPLE

> « Monsieur X, comme discuté ce jour au téléphone, je me permets de vous signaler une erreur qui s'est glissée dans l'article X paru le xx/xx/xx. Contrairement à ce que vous avez indiqué : notre résultat d'exploitation s'élève à 2 millions d'euros et non – 200 keuros. Cet article, qui intervient quelques jours seulement après la publication des résultats, nous permet d'entrevoir une corrélation entre la baisse de notre cours de bourse et votre article. À ce titre, je vous demanderai de bien vouloir faire passer un Erratum, que je pourrai diffuser aux investisseurs. Je vous remercie par avance de votre compréhension. »

Attention, toutefois, « à ne pas harceler toute la rédaction, sur les téléphones portables, pendant le week-end qui suit la publication » précise une journaliste. « De plus, évitez d'appeler le rédacteur en chef en premier, sauf si l'erreur est vraiment grave ou délicate et qu'après une demande auprès du journaliste il n'y a pas eu de correctif ».

Le droit de réponse

À n'utiliser qu'en cas extrême (jugement erroné, diffamation), le droit de réponse permet à une personne de donner sa version des faits ou son point de vue.

Ce droit existe en France depuis la loi sur la liberté de la presse du 29 juillet 1881. En pratique, le droit de réponse est assez complexe à mettre en place et est subordonné à plusieurs conditions. Pour en savoir plus : www.murielle-cahen.com.

Faites le point

- Pour être convaincant, une interview se prépare. C'est une règle d'or. Passez des messages en moins de 3 minutes ne s'improvise pas. Au contraire, cela demande des heures de préparation.
- Une interview peut prendre plusieurs formes : un rendez-vous en one-to-one lors d'un déjeuner, par téléphone, une interview radio ou TV en direct ou enregistrée ou à l'occasion d'un voyage ou d'une conférence de presse.
- Pour préparer vos interviews : définissez vos messages clés, donnez de la matière, soyez naturel et anticipez toutes les questions qui pourraient être posées à l'aide d'un Q/A.
- Lors d'un déjeuner de presse, prenez la parole en premier débutez par une brève introduction, faites court, synthétique et vulgarisez, soyez sincère et parlez de choses concrètes.
- Pour une interview télé comme radio, entraînez-vous au préalable à l'aide d'un médiatraining pour maîtriser suffisamment votre intervention et rendre votre discours clair et simple. En télévision, il est important de connaître les règles du jeu : la gestuelle compte autant que les propos et ne vous préoccupez pas trop de la formulation de la question. Dites ce que vous aviez prévu de dire.

Se tester

	vrai	faux
1 ■ Suite à la diffusion d'un communiqué de presse, un journaliste de la presse écrite vous contacte pour obtenir une interview avec le PDG du groupe. Ce dernier est absent pour un déplacement à l'étranger. Vous attendez son retour pour donner une réponse au journaliste. Est-ce la meilleure attitude ?	■	■
2 ■ Un déjeuner de presse débouchera systématiquement sur un article, c'est pourquoi il est tout à fait possible de demander au journaliste sa date de parution ?	■	■
3 ■ Anticiper toutes les questions qui pourraient être posées lors d'une entrevue, *via* un Q/A, permet-t-il d'éviter toute mise en difficulté ?	■	■
4 ■ Lors d'une interview TV, est-il préférable de soutenir le regard du journaliste et d'éviter de regarder la caméra ?	■	■
5 ■ La technique de reformulation permet-elle de gagner du temps et de couper la question du journaliste au montage ?	■	■
6 ■ Suite à une interview, une erreur mineure s'est glissée, est-il possible d'informer le journaliste ?	■	■
7 ■ Est-il possible de demander au journaliste le cadre de l'interview pour un média radio ?	■	■
8 ■ Préparer 4 à 5 messages clés minimum est-il essentiel de manière à pouvoir rebondir sur n'importe quel sujet ?	■	■

(Réponses page 166)

À VOUS DE JOUER

En cas d'interview spontanée

Sur Internet, un nouveau site marchand de produits équitable remporte un vif succès. Grâce à sa stratégie de communication digitale le site a connu de fortes audiences et a réalisé en 6 mois, date de sa création, un chiffre d'affaires de 1 million d'euros. Sur Facebook, le site compte déja 1 200 fans.

Un journaliste d'un grand quotidien national économique vous contacte pour faire un portrait d'entreprise. Que faites-vous ?

Nos conseils :

- Avant tout, demandez au journaliste pour quelle rubrique il travaille et quels sont les aspects qui l'intéressent le plus : économique ? produit ? éthique (produit équitable) ? l'angle de son article ? et la durée de l'interview.
- En fonction des éléments réunis, définissez les messages clés. Selon le contexte vous pouvez appuyer vos messages sur l'origine de la création de la société (suite à un voyage), les raisons de sa réussite (communication digitale ambitieuse), l'éthique et la charte de transparence qui d'après vous est l'un des éléments clés de la réussite de l'entreprise, et votre projet d'expansion à l'international.
- Maîtrisez votre discours : une fois vos messages définis, contacter le journaliste à l'heure convenue. Soyez ponctuel et remerciez-le de s'être intéressé à votre entreprise. Ses questions viendront au fil de l'eau en fonction des informations que vous lui transmettrez. N'attendez donc pas qu'il vous liste ses questions. Au contraire, lors de cet entretien, finissez vos phrases sur des messages qui créeront de nouvelles orientations. Tirez partie de cette situation pour faire passer vos messages !

réponses

1 ▪ Faux

Lorsqu'un journaliste vous contacte soyez très réactif. Il est préférable de lui répondre dans les minutes voire les heures qui suivent, en fonction du média. Et ce même pour l'informer que votre PDG est actuellement en déplacement à l'étranger et qu'il ne sera disponible qu'à partir de la semaine prochaine.

2 ▪ Faux

Un déjeuner de presse permet de faire connaissance et de nouer contact. Obtenir un article suite à un déjeuner n'est pas un acquis, c'est pourquoi il est fortement déconseillé de demander au journaliste sa date de parution.

3 ▪ Vrai

Anticiper toutes les questions qui pourraient être posées lors d'une entrevue, *via* un Q/A, permet de maîtriser l'art de répondre à des questions qui peuvent être parfois aussi inattendues qu'embarrassantes.

4 ▪ Vrai

En interview TV il est préférable de regarder la personne qui vous interview pour une expression plus naturelle.

5 ▪ Vrai

La technique de reformulation permet de gagner du temps et de couper la question du journaliste au montage.

6 ▪ Vrai

S'il s'agit d'une erreur mineure, signalez-le poliment au journaliste par e-mail.

7 ▪ Vrai

Il est tout à fait possible, même conseillé, de demander au journaliste le cadre de l'interview pour un média radio. Il s'agit de lui demander sur ce quoi il souhaite discuter.

8 ▪ Faux

Préparez trois « points forts » maximum. Un trop grand nombre de messages (4 à 5) risque de prêter à confusion.

9 L'évaluation des retombées presse

Se poser les bonnes questions

Chaque année, le constructeur automobile Audi, organise un circuit de régate international : le Circuit Audi MedCup.

Le circuit, qui attire les plus grands designers, marins et techniciens a inspiré de nombreux propriétaires et équipes professionnelles qui continuent aujourd'hui d'adhérer largement à cet événement. Depuis sa création en 2005, ce circuit de régate connaît des retombées médiatiques de plus en plus importantes. Selon une étude, les médias ont diffusé environ 630 heures de programmes TV, avec un impact de 16,2 millions d'euros d'EVP (Équivalent en valeur publicitaire) en 2009 contre 10,2 millions d'euros en 2008. Cette étude de cas, nous montre comment le constructeur a su évaluer d'une certaine façon ses actions en relations presse.

- Pourquoi et comment évaluer l'efficacité des relations presse ?
- Que mesurer et avec quelles techniques ?
- Quels sont les indicateurs à long terme ?
- Quelles sont les limites à cette analyse en retombées presse ?

Pourquoi ?

Difficilement mesurable pour certains, incalculable pour d'autres, l'évaluation des relations presse présente de prime abord certaines limites : comment mesurer l'impact d'un article sur l'opinion ? Comment savoir si vos clients ont lu un article ou vous ont entendu à la radio ? Quelle corrélation entre une campagne de relations presse et les ventes de l'annonceur ? Il existe toutefois plusieurs outils et indicateurs.

EXEMPLE

Apostrophes reste la référence, à la fois par le souvenir de la « grand-messe » de la vie littéraire qu'elle constituait à un moment historique de la vie de la télévision, par l'audience qu'elle trouvait, qu'aucune émission culturelle n'a atteint, par le contact qu'elle établissait entre le monde du livre et un public très varié incluant des « non-lecteurs » et par son impact exceptionnel sur les ventes de livres (qui conduisait les éditeurs à adapter leurs pratiques commerciales au calendrier de l'émission)[1].

Al et Laura Ries[2] dans leur livre *La pub est morte, vive les RP* estiment que la publicité atteint des limites que seules les relations publiques peuvent dépasser, notamment parce que les relations presse sont « crédibles », contrairement à la publicité, qui ne peut plus suffire aujourd'hui, selon eux, à créer une marque. Mais, au-delà de la crédibilité qu'apporte un article de presse comparé à une publicité, les RP génèrent les perceptions positives que les campagnes de publicité ne peuvent insuffler. Les deux auteurs citent plusieurs exemples dont le cas de la marque de Vodka Skyy qui, grâce à son concept « la vodka anti-gueule de bois », a eu un article en première page du *Wall Street* Journal. Selon eux, la marque serait alors devenue la deuxième plus vendue aux États-Unis.

1. *Le livre à la télévision*, Rapport pour Madame la Ministre de la Culture et de la Communication, Olivier Bourgois, France, 16 mars 2000, page 24.

2. Al et Laura Ries, *La pub est morte, vive les RP*, Pearson Education France, 2003, p. 159.

Évaluer l'efficacité des relations presse pour répondre aux préoccupations du retour sur l'investissement (ROI) est donc dans le domaine du possible. « L'édition 2009 d'Audi MedCup, un événement organisé par World Sailing Management, a atteint 16,2 millions d'euros d'EVP! Chaque année, nous définissions une stratégie communication qui, selon les pays clés ciblés, peut prendre la forme d'investissement en voyage de presse, relations presse, achat d'espace publicitaire, etc. Dans un souci de transparence avec notre partenaire Audi, nous mesurons, grâce une agence marketing dédiée, nos actions en relations presse, l'impact et le retour sur investissement de nos actions presse. Réaliser cet investissement en analyse et mesure présente le double avantage d'analyser les impacts en termes de marque et d'améliorer notre stratégie en communication d'une année sur l'autre » explique Mme Sabina Mollart Rogerson, Communications Manager du circuit Audi MedCup.

Comment aborder l'évaluation et la mesure ?

L'évaluation d'une action en relations presse consiste, dans un premier temps, à analyser, quantitativement et qualitativement, les résultats immédiats c'est-à-dire les articles obtenus dans les médias.

Les résultats immédiats : le press book

L'approche quantitative

Le press book ou le panorama de presse[1] en français, est un document qui recense l'ensemble des articles parus à la suite d'un voyage

1. Le panorama de presse est un terme peu employé. Les professionnels utilisent, à mauvais escient, le terme « revue de presse » rentré dans le jargon du métier alors que pour faire une revue de presse, la loi française exige une carte de presse.

de presse ou de l'envoi d'un communiqué de presse. Le press book peut être organisé selon des critères tels que le type de média, les régions touchées, la thématique ou l'angle retenus… À court terme, cet outil est un bon indicateur des retombées presse et à moyen terme, il permet d'apprécier l'efficacité de l'action. À noter que ce document doit être réalisé tout au long de l'année, car certaines publications peuvent publier un article 3 à 6 mois après l'envoi d'un communiqué ou un voyage de presse.

Pour trouver les informations, vous pouvez réaliser vous-même votre surveillance en utilisant des outils du type Pickanews, un moteur de veille plurimédia. En revanche, pour être certain d'être au fait de ce que la presse publie sur vous, votre marque ou dans votre secteur d'activité, vous pouvez avoir recours à des organismes de veille média écrite, audiovisuelle et Internet. En France, il existe principalement trois organismes qui proposent ce type de service : l'Argus de la Presse, Kantarmedia et Press Index. À partir de mots-clés, le service de veille média permet de délimiter un univers et de générer des alertes associées. « Les principaux avantages de s'abonner à ce type de service sont la disponibilité, la méthodologie, la crédibilité et l'économie de temps. En effet, un prestataire externe est non seulement disponible à n'importe quelle période de l'année, mais permet aussi de s'appuyer sur le crédit d'une agence externe dont la méthodologie et les processus sont prouvés » explique Dominique Fournier, directeur de la communication à Press Index.

Enfin, ne pas s'abonner pas à un tel organisme, c'est aussi prendre le risque de passer à côté d'articles ou d'interviews dans les médias.

Savoir réaliser un press book

- **Constituer le corpus** : c'est-à-dire la liste des médias suivis qu'ils soient sous forme papiers, électroniques ou encore passage radio ou télé.
- **Choisir un événement** : un press book peut être constitué suite à une campagne RP (communiqué de presse, un voyage de presse) ou selon une thématique précise.
- **Organiser votre document** : pour structurer la présentation de votre press book, insérez vos articles les uns après les autres en indiquant pour chacun d'entre eux :
  - > la taille de l'article (citation, brève, entrefilet, article de fond…) ;
  - > l'audience en faisant référence à l'OJD[1] ;
  - > la nature de la presse : PQR, magazine, presse en ligne.
- **Réaliser un bilan** : pour évaluer de manière quantitative exclusivement votre press book vous pouvez réaliser un tableau avec la répartition par type de presse (en % par rapport au nombre total de retombées) et par taille des articles : citations, brèves, dossiers, reportages.
- **S'assurer du cadre juridique** : la reproduction d'articles de presse sous forme de panoramas de presse papier et/ou électroniques diffusés sur intranet ou sur extranet doit, pour être légale, faire l'objet d'une autorisation préalable, conformément au Code de la Propriété Intellectuelle[2].

1. L'OJD, anciennement *Diffusion Contrôle*, est une association professionnelle française dont le rôle est de certifier la diffusion, la distribution et le dénombrement des périodiques et de tout autre support.

2. Pour en savoir plus : http ://www.cfcopies.com/V2/cop/cop_ea_home. php.

En pratique

Le Web 2.0 : une nouvelle dimension d'analyse de votre e-reputation

Pour mesurer l'impact d'une campagne de relations presse, appuyez-vous également sur des objectifs réputationnels de la marque :

- La e-reputation : quelle est votre visibilité dans les moteurs de recherche ou les réseaux sociaux. Par exemple, le nombre de fans sur votre page Facebook a-t-il augmenté suite à une campagne RP ? Quel est le nombre de Tweet et combien de personnes ont retweeté votre information ? Quels sont les contenus qui s'affichent pour des mots-clés liés à votre information ?
  Exemple : Vous lancez un produit dédié au confort de l'habitat : une source d'énergie plus écologique. Comment votre société apparaît-elle sur la 1ère page de résultat du moteur de recherche ? Quels sont les sujets et les lieux de discussions relatifs à votre marque et son univers ?
- La fréquentation de votre site Internet : vous avez connu un pic de fréquentation ? Quelles sont les origines de ces nouveaux visiteurs ? S'agit-il de nouveaux visiteurs (uniques) ou de visiteurs qui reviennent plusieurs fois sur votre site Internet ? Rien de plus simple, en utilisant des outils gratuits comme Google analytics.

L'approche qualitative : le baromètre d'image-presse

Le nombre de coupures presse ne détermine pas à lui seul la réussite d'une campagne en relations presse. Le fond et les titres des supports de presse sont aussi importants. De plus, un sujet sur votre société n'aura évidemment pas le même impact si le ton utilisé est neutre ou négatif, ou – pire – si votre message a été mal interprété, votre stratégie incomprise. Ainsi l'évaluation de vos actions en relations presse doit aussi prendre en compte le contexte dans lequel elles sont inscrites et doit être enrichie par des éléments qualitatifs.

EXEMPLE

La société Textile Cotton Plus organise un voyage de presse à l'occasion d'un lancement de nouveau textile à base de coton biologique. Quelques jours après l'événement, un article dénonce les conditions de travail des ouvriers des champs de coton. Tandis que les suivants, plus positifs, annoncent le lancement de ce nouveau textile bio qui envahira très prochainement les rayons des boutiques bobo.

À travers cet exemple, on voit à quel point il est essentiel d'assurer une analyse qualitative, à l'image des « post-tests » de campagnes de publicité réalisées à l'occasion de lancement de produits par exemple.

Vous pouvez réaliser ces études vous-même.

Savoir réaliser une analyse qualitative

Vous analyserez le fond et la forme. L'analyse du fond prend en compte le degré de transcription des journalistes envers vos différentes communications. Vous vous attacherez à comprendre si les retombées ont été valorisantes ou non pour votre société en identifiant les points de faiblesses pour vous améliorer. Il s'agira de :

- **Mesurer la restitution des messages clés** : les publics-cibles ont-ils reçu les messages ? Qu'ont-ils compris ? Qu'ont-ils retenu ? Ont-ils reçu favorablement les messages ?
- **Reprendre les éléments relatifs au contenu et à l'impact de chaque article** : la tonalité générale (neutre/factuel/positif/négatif), la restitution des messages... l'univers sémantique (valeurs d'image attribuées à l'annonceur), le public touché (profil du lectorat, audience, parts de marchés).
- **Positionner vos articles** : votre article était-il repris en Une, dans un article de fond ou un dossier spécifique ?

...

…

- **Identifier les médias qui parlent le plus de vous** ou ceux qui au contraire affichent un intérêt limité à votre entreprise.
- **Réaliser un corpus des thèmes qui retiennent le plus l'attention** des médias afin de pouvoir vous positionner en tant qu'expert et faire évoluer votre stratégie en fonction des éléments identifiés..

Vous pouvez aussi vous appuyer sur les organismes de veille.

En pratique

Avec l'outil d'analyse Web de l'Argus de la presse

Vous disposez d'un instrument de connaissance, d'évaluation, de comparaison et de contrôle pour vous accompagner dans le pilotage de votre stratégie médias :

- Pour comprendre votre évolution dans les médias : d'une période à l'autre, les supports que vous mobilisez varient : de nouveaux supports apparaissent, certains ont disparu, d'autres encore sont fidèles mais vous réservent un accueil différent. L'analyse de ces variations permet d'obtenir rapidement les listes de supports à mobiliser (ou remobiliser) autour de votre actualité…
- Comparez votre présence dans les médias à celle de vos concurrents : après un benchmark, vous pouvez vérifier que vous occupez le même terrain médiatique que vos concurrents, ou au contraire que vous êtes suffisamment démarqué. L'analyse comparée du discours journalistique des acteurs de votre marché révèle les opportunités de communication, mais également les menaces…

« Nous réalisons beaucoup de baromètre image, au sein de Press Index, et plus particulièrement pour nos clients dans le domaine du LMB, Luxe Mode Beauté. Cette offre de services, entièrement conçue sur mesure, permet de réaliser une cartographie de présence de la marque dans un corpus de presse et de se positionner vis-à-vis de la concurrence » explique M. Dominique Fournier.

L'approche EVP (équivalent en valeur publicitaire)

L'approche EVP, ou *Ad Value Equivalent*, consiste à comparer votre investissement en relations presse à celui en achat d'espaces publicitaires. Cette analyse, permet d'estimer la valeur financière approximative et de donner une valeur monétaire. Au grand dam de certains professionnels, cette analyse qui compare d'un côté une information (article) et de l'autre une communication (publicité), ne doit pas être utilisée puisqu'un article est bien plus crédible qu'une publicité et remet en cause le fondement même du travail des attachées de presse et des journalistes. Certes, malgré tous les arguments négatifs, cette analyse permet de donner un premier indicateur quantitatif.

EXEMPLE

> 100 journalistes français accueillis en 2009 !!! Plus de 135 articles parus… Pour la France, la contre-valeur publicitaire (soit l'équivalent en achat d'espaces publicitaire) des articles parus en 2009 sur la destination Côte d'Azur, a été évaluée à plus 3.4 millions d'euros pour plus de 135 articles parus et un impact éditorial de 188 millions de lecteurs touchés (Bilan d'exposition média confié à Kantar Média).
>
> Outre les nombreuses opérations presse menées sur les marchés internationaux par le CRT Riviera Côte d'Azur, les opérations auprès de la Presse Tourisme France restent l'un des leviers essentiels sur le marché national. C'est la raison pour laquelle le CRT Riviera Côte d'Azur met chaque année en place une stratégie de communication pro-active auprès des médias, afin que les rédactions nationales aient en permanence des propositions de thématiques fédératrices de la destination, quelle que soit la période de l'année. D'après

le communiqué de presse : « Le Web et la presse Voyage sont les catégories média les plus actives. Elles totalisent 46 % des retombées. Grâce à sa forte audience, la presse actualité est à l'origine du quart des contacts établis auprès des lecteurs. La presse féminine est la principale source de valorisation en équivalent achat d'espace publicitaire. »

Pour estimer en valeur publicitaire vos articles, vous pouvez :

Réaliser cette analyse, vous-même

En repartant de votre presse book, calculer :

- pour la presse écrite, la taille des articles en mm/col ;
- pour la TV ou radio, la durée du message ou du reportage ;
- pour le Web, la place de l'article (une/rubrique) ;

et les comparer au prix de l'espace publicitaire similaire. Difficilement chiffrables pour certains, comme les médias Web, l'EVP montre certaines limites mais a le mérite de pouvoir fournir une première estimation. Cette analyse doit être systématiquement enrichie et éclairée par une approche qualitative relative au contenu et à l'impact précis de chaque article pour offrir un retour plus exhaustif.

Vous appuyer sur des organismes spécialisés

À Press Index, l'équivalence publicitaire est calculée en fonction de 5 critères :

- l'espace (ou la superficie de l'article) ;
- la position de l'article dans le magazine ;
- la présence de l'entreprise en titre ou sous-titre ;
- la nature de l'article ;
- et la présence d'une iconographie.

Pour assurer cette analyse, vous pouvez faire appel aux organismes de veilles cités dans l'encadré « Savoir réaliser un press book ».

Les indicateurs à plus long terme

Les relations presse s'inscrivent dans une stratégie à long terme. Pour analyser la réussite d'une action en relation presse, il est donc conseillé d'établir des indicateurs à plus long terme, le but n'étant pas uniquement d'avoir une visibilité à court terme.

Se positionner en tant qu'expert

L'un de ces indicateurs consiste à observer l'évolution de l'opinion et de la qualité des contacts avec les journalistes. Il s'agit de savoir si les journalistes vous rappelleront pour apporter un avis d'experts ou témoigner sur un sujet d'actualité par exemple.

EXEMPLE

> Un journaliste d'un grand quotidien national, qui couvrait un sujet sur les effets de change dus à la baisse du dollar, a interviewé une PME dont 70 % du chiffre d'affaires est réalisé à l'export (en zone non-euro). Son papier, dans lesquels plusieurs chefs d'entreprise témoignaient, représentait une demi-page dans le PQN. Cet exemple illustre l'importance d'entretenir des liens avec les journalistes pour que le jour où ils cherchent des témoignages ou des experts, ils pensent à vous. Et ce, même quand il s'agit d'un sujet macro.

Mesurer pour s'améliorer

L'un des principaux enjeux d'une évaluation de ses relations presse est également la capacité de l'entreprise à s'améliorer. Il s'agit, sur la base des résultats observés, de faire ressortir les atouts et faiblesses pour en tirer les enseignements et disposer d'éléments de visibilité pour piloter sa stratégie de relations presse.

Les limites de l'analyse des retombées presse

La réussite ou l'échec d'une campagne de relations presse repose sur un faisceau de paramètres plus ou moins contrôlables, la période (vacances scolaires, élections...), l'actualité du moment (si elle est riche, vous aurez moins de chance que votre information soit reprise par les médias).

Quels qu'ils en soient les sujets abordés tout comme les outils (communiqués, dossiers de presse, interviews...), restent fondamentaux et s'inscrivent dans une politique de communication à long terme incluant tous les moyens du mix-marketing (publicité, relations publiques, communication digitale...)

Faites le point

- L'évaluation des relations presse présente de prime abord certaines limites : comment mesurer l'impact d'un article sur l'opinion ? Toutefois, pour répondre aux préoccupations du retour sur l'investissement (ROI), il existe plusieurs outils et indicateurs.
- La réalisation d'un press book, un document qui recense l'ensemble des articles parus, permet de donner un indicateur des retombées presse.
- L'approche EVP (équivalent en valeur publicitaire), un autre outil, qui consiste à comparer votre investissement en relations presse à celui en achat d'espaces publicitaire permet d'estimer la valeur financière approximative des articles parus.
- Le nombre de coupures presse ne déterminant pas à lui seul la réussite d'une campagne en RP, il est également important d'effectuer une approche qualitative afin de comprendre si les retombées ont été valorisantes ou non pour votre société.
- À plus long terme, les indicateurs d'une bonne campagne RP consistent à observer si les journalistes vous rappellent pour témoigner ou obtenir votre avis d'expert. Dans tous les cas, effectuer ce travail d'analyse permet de faire ressortir les atouts et faiblesses pour en tirer les enseignements.

Se tester

	vrai	faux
1 ■ Constituer un press book est-il une première étape pour analyser votre campagne de presse ?	■	■
2 ■ Un article vient de paraître à la suite de la diffusion d'un communiqué de presse. Le ton utilisé est positif mais les informations sont erronées. Mieux vaut-il en faire abstraction pour évaluer ?	■	■
3 ■ L'approche EVP (équivalent en valeur publicitaire) permet-elle uniquement d'estimer la valeur financière approximative d'un article comparé à un achat publicitaire ?	■	■
4 ■ Réaliser une veille presse est-il payant ?	■	■
5 ■ Le nombre de coupures presse détermine-t-il à lui seul la réussite d'une campagne en relations presse ?	■	■
6 ■ S'appuyer sur des objectifs réputationnels de la marque permet-il également de calculer l'efficacité de mes actions en relations presse ?	■	■

(Réponses page 182)

À VOUS DE JOUER

Réaliser un compte rendu d'une opération en relations presse pour la direction générale

Quelques jours après l'organisation d'un voyage de presse, votre PDG vous demande de réaliser un compte rendu. Sa demande est précise : le reporting sera utilisé à deux titres :

- partager cette expérience à l'échelle du groupe. Il souhaite que les filiales du groupe, encore frileuses en matière de RP, s'intéressent à ce type d'investissement ;
- et savoir si un second événement serait opportun.

Que ferait un responsable de la communication pour structurer le document et évaluer le ROI du voyage de presse ?

Nos conseils :

Avant tout, il est important d'informer votre PDG que l'analyse serait plus exhaustive en respectant *a minima* un délai d'un mois. En effet, les journalistes qui écrivent pour des mensuels couvriront le sujet dans le journal daté du mois suivant, voire parfois, 2 à 3 mois après.

- Dans une première partie, rappeler le contexte, les approches, le budget et la thématique de la journée.
- Lister l'ensemble des supports qui ont été réalisés en support à cet événement : dossier de presse, invitation…
- Dans une deuxième partie, réaliser l'analyse ROI en déroulant de la manière suivante : le Press book, l'EVP, ainsi que l'approche qualitative. Vous pourrez ainsi mesurer la compréhension du message à l'image des « post-tests » de campagnes de publicité réalisées à l'occasion de lancement de produits par exemple.
- Grâce au budget investi, vous pourrez ainsi faire des recommandations en terme de contenu du voyage de presse, mais aussi en ROI et d'impact média.

réponses

1 ▪ Vrai

Constituer un press book est une première étape pour analyser une campagne de presse.

2 ▪ Faux

Un article, qui comporte des erreurs, doit apparaître dans votre reporting. Réaliser une analyse qualitative vous permettra de savoir si vos messages ont bien été compris et, le cas échéant, de vous améliorer pour vos prochaines actions presse.

3 ▪ Vrai

L'approche EVP permet uniquement d'estimer la valeur financière approximative d'un article comparé à un achat publicitaire. Elle se base sur une approche quantitative et ne prend pas en compte la tonalité de l'article par exemple.

4 ▪ Vrai

Réaliser une veille presse est payant si vous vous abonnez à l'un des organismes de veille média. Ne pas s'abonner c'est prendre le risque de passer à côté d'articles qui paraissent dans la presse (radio, tv + écrite + Web).

5 ▪ Faux

Le nombre de coupures presse ne détermine pas à lui seul la réussite d'une campagne en relations presse. Il faut également prendre en compte d'autres paramètres plus qualitatifs. De plus, le succès d'une campagne RP repose également sur des éléments plus ou moins contrôlables.

6 ▪ Vrai

Pour mesurer l'impact d'une campagne de relations presse, appuyez-vous également sur des objectifs réputationnels de la marque tels que l'e-reputation ou la fréquentation de votre site Internet.

Index

Pour l'éditeur, le principe est d'utiliser des papiers composés de fibres naturelles, renouvelables, recyclables et fabriquées à partir de bois issus de forêts qui adoptent un système d'aménagement durable. En outre, l'éditeur attend de ses fournisseurs de papier qu'ils s'inscrivent dans une démarche de certification environnementale reconnue.

55524 - (I) - (1,6) - OSB 90° - IDT - MLN

Imprimerie Nouvelle - JOUVE
45800 Saint-Jean de Braye
N° d'Imprimeur : 647768H
Dépôt légal : avril 2011

Imprimé en France